Jak napisać najlepsze CV i list motywacyjny?

6 KROKÓW DO NOWEJ PRACY:

Poradnik 1. Praca! Szukam Zmieniam Wybieram
- cele zawodowe – określ, co chciałbyś osiągnąć
- kto może ci pomóc w znalezieniu pracy?
- a może praca za granicą
  – czyli dlaczego warto korzystać z pomocy doradców EURES?

Poradnik 2. Jak i gdzie skutecznie szukać pracy?
- na co zwracają uwagę pracodawcy podczas rekrutacji?
- kontakty osobiste, ogłoszenia prasowe, internet,
  czyli różne metody poszukiwania pracy
- jak czytać ogłoszenia o pracy?

Poradnik 3. Jak napisać najlepsze CV i list motywacyjny?
- CV chronologiczne lub funkcjonalne
  – różne rodzaje CV i kiedy je stosować?
- najczęstsze błędy w CV i listach motywacyjnych
- tworzenie europejskiego formatu CV – Europass

Poradnik 4. Jak najlepiej zaprezentować się podczas rozmowy kwalifikacyjnej?
- trzy niezbędne działania przygotowawcze do rozmowy
- nie dajmy się zaskoczyć, czyli jak odpowiadać na pytania
- rozmowy kwalifikacyjne w innych krajach

Poradnik 5. Jak wynegocjować najlepsze warunki zatrudnienia?
- odpowiedni moment, czyli kiedy zacząć szukać nowej pracy?
- zwolnienie – jak odejść z klasą?
- negocjacje płacowe z nowym pracodawcą

Poradnik 6. Mam już pracę! Prawo w pracy
- pierwsze kroki w nowej pracy
- ile oddać z wynagrodzenia?
- co trzeba wiedzieć o pracy w Unii Europejskiej?

3

Luiza Kluczycka

Jak napisać najlepsze CV i list motywacyjny?

ABC
a Wolters Kluwer business Warszawa 2007

Luiza Kulczycka – psycholog, niezależny konsultant z zakresu zarządzania personelem, specjalizuje się w ocenie kompetencji pracowniczych i menedżerskich, dokonywaniu audytów personalnych, projektowaniu i przeprowadzaniu projektów Assessment Center/Development Centre.

Recenzent: dr Kazimierz Sedlak, Sedlak & Sedlak

Projekt graficzny okładki i zdjęcie: Piotr Bogusławski

Wydawca serii: Magdalena Stojek-Siwińska

ISBN 978-83-7526-406-7

Wydane przez: Wolters Kluwer Polska Sp. z o.o.

Redakcja Wydawnictw Książkowych i Czasopism Prawniczych
01-231 Warszawa, ul. Płocka 5a, tel. (022) 535 80 00

www.wolterskluwer.pl

Księgarnia internetowa: www.profinfo.pl

Skład i łamanie: Art Rodar, Al. KEN 97 lok. 25, 02-777 Warszawa, www.artrodar.pl

Druk i oprawa: Drukarnia PERFEKT, ul. Połczyńska 99, 01-303 Warszawa

Spis treści

Wprowadzenie

Życiorys zawodowy, popularnie określany jako CV, oraz list motywacyjny stanowią podstawowe narzędzia w procesie poszukiwania pracy. To one najczęściej są przepustką do bezpośredniego spotkania z potencjalnym pracodawcą. Stąd tak ważne jest, by zostały jak najrzetelniej i jednocześnie jak najatrakcyjniej przygotowane.

Niniejsza książka ma pomóc w pokierowaniu swoją karierą zawodową u jej progu poprzez wskazanie tajników tworzenia tego typu dokumentów. W związku z tym szczególny nacisk zostanie położony na prześledzenie krok po kroku całej procedury pisania CV w zależności od kontekstu sytuacyjnego osoby poszukującej pracy lub zamierzającej ją zmienić. W podobny sposób zostanie przeanalizowany proces pisania adekwatnego listu motywacyjnego.

Innymi słowy, treść książki będzie odpowiedzią na pytanie: jak napisać CV i list motywacyjny? Zostaną udzielone konkretne wskazówki i przedstawione zasady w zakresie:

- konstruowania biografii zawodowej, by na poziomie dokumentów skutecznie i profesjonalnie dokonać autoprezentacji przed pracodawcą poszukującym nowego pracownika,
- sposobów poszukiwania informacji o pracodawcy oraz o stanowisku pracy,
- różnych rodzajów CV, ich funkcji i sytuacji, w jakich należy je zastosować,
- pisania listu motywacyjnego,
- przygotowywania innych pomocnych dokumentów, takich jak referencje, dyplomy, certyfikaty i świadectwa ukończenia kursów.

Dodatkowo Czytelnik będzie miał okazję dokonać bilansu swoich zawodowo mocnych stron i umiejętności. Pomocne w tym mogą być ankiety, kwestionariusze z pytaniami, które powinny być źródłem inspiracji i twórczej analizy na drodze poszukiwania satysfakcjonującego dla siebie stanowiska pracy.

Wskazane zostaną najczęściej popełniane błędy i zaniedbania przy pisaniu CV i listów motywacyjnych wraz z ich źródłami i konsekwencjami. Ich świadomość powinna ustrzec osobę poszukującą pracy przed ich popełnieniem.

W dobie masowego poszukiwania pracy na rynkach poza naszym krajem szczególnie cenny może okazać się dodatek, w którym zaprezentowane zostaną przykładowe życiorysy zawodowe w kilku językach europejskich. Czytelnik będzie miał okazję zapoznać się z tworzeniem europejskiego formatu CV, zwanego formalnie Europass.

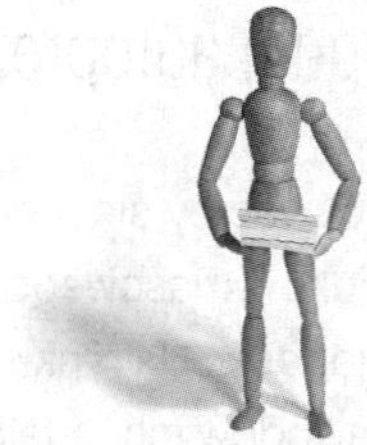

Co to są dokumenty aplikacyjne?

Rozdział 1

Dokumenty aplikacyjne to życiorys zawodowy, inaczej zwany CV (od łac. *Curriculum Vitae*), oraz list motywacyjny. Stanowią one pierwszy, niezmiernie istotny, a często niedoceniany etap poszukiwania pracy. Istnieje kilka powodów, dla których warto zadać sobie wysiłek, by przygotować je z należytą rzetelnością. Przede wszystkim bez nich nie mamy szansy zaistnieć na rynku pracy. Tworzenie ich jest dynamicznym, żywym procesem, wymagającym ciągłych zmian i uaktualnień. O ile dane CV i list motywacyjny będą adekwatne do określonego stanowiska w jednej firmie, o tyle wysyłając je w niezmienionej postaci do innej, mogą już nie spełnić oczekiwanej roli.

Używając języka marketingowego, można powiedzieć, że **CV jest narzędziem w procesie poszukiwania pracy, promującym i reprezentującym osobę podczas jej nieobecności.**

Z kolei list motywacyjny jest elementem uzupełniającym w odniesieniu do CV. Jednocześnie musi być bezpośrednią odpowiedzią na określone stanowisko pracy, oferowane w konkretnej firmie.

Oba te dokumenty różnią się między sobą przede wszystkim formą i treścią. CV jest syntetyczną postacią podstawowych danych o osobie poszukującej pracy, o przebiegu jej kariery zawodowej. Natomiast list motywacyjny jest (jak wskazuje sama nazwa) zbiorem dowodów wskazujących na siłę motywacji, jaką wykazuje pisząca go osoba do podjęcia pracy. Dowody te muszą być adekwatne do stanowiska, perswazyjne, mają bowiem przekonać pracodawcę do zaproszenia nas na rozmowę kwalifikacyjną. Muszą być one zarówno wyjaśnieniem i rozwinięciem faktów zawartych w CV, jak i wskazaniem naszych atutów w kontekście oferowanego etatu.

Dokumenty aplikacyjne jako forma wstępnej autoprezentacji

Wydawać by się mogło, że w dzisiejszych czasach, przy tak ogromnym dostępie do środków masowego przekazu napisanie profesjonalnego CV nie powinno stanowić trudności. Na rynku wydawniczym znajduje się wiele propozycji wzorów życiorysów zawodowych, a także listów motywacyjnych. Skorzystanie z nich mogłoby ułatwić całą procedurę. Otóż jest to złudne, a często i zgubne przekonanie dla osoby aktywnie poszukującej pracy. Napisanie profesjonalnego CV nie jest łatwym zadaniem. Uwarunkowane jest ono koniecznością znajomości i uwzględnienia kilku żelaznych zasad i reguł. Mają one wpływ na całokształt wyglądu i odbioru CV. Odpowiedzialność za większość z nich leży po stronie osoby przygotowującej dokumenty aplikacyjne.

Niemniej należy mieć na uwadze, że ważne są też preferencje osoby je czytającej. Nie warto więc spodziewać się, że przygotowany przez nas życiorys zawodowy i list motywacyjny będą miały idealną postać, bo zawsze istnieje margines czynników, na które nie mamy wpływu.

Pamiętajmy jednak, że zasadniczą funkcją CV i listu motywacyjnego jest zachęcić osobę je czytającą do zaproszenia nas na rozmowę rekrutacyjną. A to już zdecydowanie zależy od naszej inicjatywy. By tak się stało, trzeba:

- umiejętnie wzbudzić ciekawość i zainteresowanie,
- stworzyć wrażenie osoby wiarygodnej, mającej pojęcie o tym, co i w jaki sposób pisze.

Dlatego naszym podstawowym celem jest przygotowanie dokumentów w taki sposób, by uniknąć błędów zarówno formalnych, jak i merytorycznych. Błędy formalne związane są przede wszystkim z wyborem nieadekwatnego formatu CV, a merytoryczne z niewłaściwym ujęciem przekazu. Kwestie te zostaną bardziej szczegółowo omówione na dalszych stronach tego poradnika.

Jednocześnie należy zdawać sobie sprawę, że napisanie nawet rewelacyjnego CV i listu motywacyjnego nie spowoduje, że otrzymamy pracę na wymarzonym stanowisku. Nie to jest ich rolą. Przede wszystkim warto pamiętać, że są to podstawowe dokumenty, za pomocą których dokonuje się wstępnej autoprezentacji potencjalnemu pracodawcy. Stanowią one pierwszy element w procesie rekrutacji.

Można powiedzieć, że dokumenty aplikacyjne to specyficzna, bardziej rozbudowana postać naszej wizytówki, będąca nośnikiem rzeczowych informacji, zawsze ujętych w kontekście konkretnego stanowiska pracy.

UWAGA!

Schemat procesu wstępnej selekcji kandydatów z perspektywy pracodawcy

Aby jeszcze lepiej zrozumieć, dlaczego warto przyłożyć się solidnie do przygotowywania dokumentów aplikacyjnych, przyjrzyjmy się, jak wygląda to z perspektywy pracodawcy poszukującego pracownika.

Bez względu na to, czy proces rekrutacji przeprowadza firma doradztwa personalnego czy też bezpośrednio pracodawca, to zawsze dysponują oni tzw. opisem stanowiska pracy. Jest to zbiór oczekiwanych umiejętności merytorycznych, wiedzy oraz kompetencji interpersonalnych, osobowościowych, jakie powinna posiadać osoba na stanowisku pracy w określonej firmie. Dodatkowo w opisie tym znajdują się obszary odpowiedzialności pracownika, a także kwestie związane z wynagrodzeniem, pakietem socjalnym, jakie przysługują na tym stanowisku. Najkrócej jednak rzecz ujmując – jest to opis oczekiwań wobec idealnego kandydata.

Ważnym etapem analizy CV i listu motywacyjnego jest porównanie ich treści do profilu zawodowego kandydata zawartego w opisie stanowiska pracy.

UWAGA!

Na podstawie informacji zawartych w CV i liście motywacyjnym osoba rekrutująca wnioskuje o poszczególnych kompetencjach kandydata, a następnie odnosi je do profilu określonego w opisie stanowiska pracy. Poniższy schemat dokładniej obrazuje przebieg tego procesu:

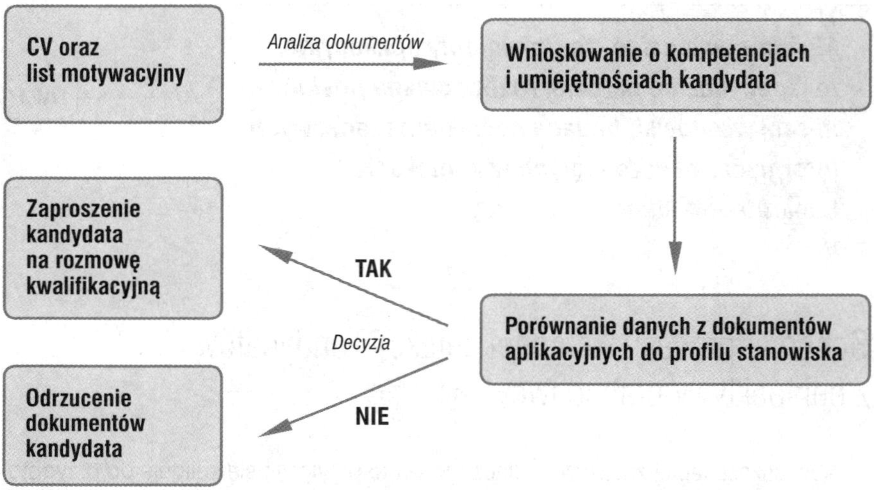

Tutaj mogłoby się pojawić pytanie: skąd kandydat ma wiedzieć, jaki jest ów profil stanowiska? Tak naprawdę to na jego podstawie pracodawca formułuje ogłoszenie prasowe lub internetowe. Dzięki temu zwykle te najbardziej istotne oczekiwania są w nim podane. Wiążą się one ze specyficzną wiedzą branżową, wykształceniem, doświadczeniem zawodowym czy znajomością języków obcych. Ułatwia to osobie selekcjonującej dokumenty szybkie podejmowanie decyzji, gdyż ma świadomość, że kandydat znał główne oczekiwania pracodawcy. Szuka więc, czy odpowiedź na nie znalazła się w dokumentach. Daje to też świadectwo o kandydacie, jak wnikliwie zapoznał się z ofertą.

Jeff Taylor (założyciel i szef internetowego serwisu pracy Monster) zwraca uwagę, że osoba przeglądająca aplikacje w procesie decyzyjnym, dotyczącym wyboru najbardziej adekwatnych kandydatów, odpowiada kolejno na trzy podstawowe pytania:

- Czy kandydat dysponuje wymaganą wiedzą i umiejętnościami, oczekiwanymi na oferowanym stanowisku pracy?

W tym miejscu dokonuje weryfikacji, czy kandydat zawarł w swoich dokumentach informacje na temat wymaganych kwalifikacji merytorycznych związanych z wykształceniem czy posiadanymi specyficznymi uprawnieniami, np. czy posiada Certyfikat Europejskiego Inżyniera Spawalnika (EWE) albo czy zna zasady sporządzania sprawozdań finansowych w oparciu o procedury US-GAAP. Może to być również obszar związany z doświadczeniem zawodowym, ze znajomością języków obcych. **Uwaga osoby selekcjonującej aplikacje będzie wybiórczo skoncentrowana na tym, czy kandydat posiada te najbardziej poszukiwane umiejętności. Dlatego tak ważne jest, by pisząc zwłaszcza list motywacyjny, uwypuklić to, co jest istotne z punktu widzenia pracodawcy** (jeśli oczywiście spełniamy wymagania).

Jednocześnie pamiętajmy, że wystarczy spełniać chociaż część oczekiwań pracodawcy zawartych w ofercie pracy, by już wysyłać swoją aplikację. Błędem jest nieodpowiadanie na ogłoszenie, jeśli uznamy, że nie spełniamy wszystkich zawartych w nim wymogów.

Warto wysłać swoje dokumenty aplikacyjne na ofertę pracy, w odniesieniu do której spełniamy tylko kilka oczekiwań pracodawcy. W praktyce bardzo rzadko zdarza się, by zgłosił się kandydat spełniający dokładnie wszystkie warunki zawarte w ogłoszeniu.

UWAGA!

Jeśli osoba odpowiadająca za rekrutację znajdzie pozytywną odpowiedź na zadane sobie pytanie, to przechodzi do kolejnego pytania.

- Czy jest to osoba, co do której istnieje szansa, że będzie dobrym współpracownikiem?

Zwraca się tutaj uwagę na styl funkcjonowania zawodowego kandydata. I znowu jest to bardzo indywidualna i zróżnicowana kwestia. Otóż na pewnych stanowiskach pracy bardziej oczekiwany byłby indywidualny, samodzielny styl pracy, na innych wręcz zespołowy. Ponadto rozważa się tu kwestię zaangażowania, stabilności zawodowej kandydata. Wnioskuje się o tym na podstawie informacji zawartych w dokumentach. Na przykład, jeśli kandydat bardzo często zmieniał pracę, a poszczególne okresy zatrudnienia były krótkie, może to świadczyć m.in. o trudnościach adaptacyjnych, ale też o wielu innych przyczynach takiego stanu rzeczy. Jeżeli z powodzeniem doprowadził jakieś ważne działanie do końca lub był organizatorem przedsięwzięcia (niekoniecznie zawodowego), to także jest to cenna wskazówka dla rekrutera.

Przy okazji warto zwrócić uwagę, że przygotowując CV i list motywacyjny w odpowiedzi na konkretną ofertę pracy, wskazane byłoby zapoznać się z misją i wartościami firmy, do jakiej aplikujemy. Stanowią one wyznaczniki kultury organizacyjnej, a dla kandydata drogowskazy pożądanych potencjalnie cech interpersonalnych. Następnie wiedzę tę należy odnieść do własnego funkcjonowania i odpowiednio zawrzeć w liście motywacyjnym.

- Czy będzie można pozyskać tę osobę za rozsądną cenę?

Odpowiedź na to pytanie jest uzależniona od koniunktury na specjalistów i ich dostępności na rynku pracy. Jeżeli pracodawca ma świadomość, że jest deficyt kandydatów o kwalifikacjach, jakich poszukuje, a będzie mu szczególnie zależało na zatrudnieniu specjalisty, to prawdopodobnie zgodzi się na wyższe oczekiwania finansowe kandydata. Problem może pojawić się w sytuacji zmiany koniunktury, gdy za jakiś czas pojawi się więcej kandydatów. Wtedy ten zatrudniony stanie się za drogi i może zostać zastąpiony tańszym, ale równie dobrze wykwalifikowanym pracownikiem.

Pozytywna odpowiedź na przynajmniej dwa pierwsze pytania z dużym prawdopodobieństwem będzie owocowała zaproszeniem kandydata na rozmowę kwalifikacyjną.

Warto uświadomić sobie jeszcze jedną kwestię, a mianowicie fakt, iż cały proces wstępnej selekcji dokumentów trwa nie dłużej niż kilkadziesiąt sekund.

Sytuacje, w jakich piszemy CV i list motywacyjny

Nie ulega wątpliwości, że dokumenty aplikacyjne przygotowuje osoba, która zdecydowała się na zmianę pracy bądź też jest absolwentem i dopiero zaczyna jej poszukiwać. Są też przypadki osób, które z różnych powodów miały dłuższą przerwę w pracy i zamierzają powrócić na rynek pracy.

W zależności od indywidualnej sytuacji można przyjąć co najmniej dwie strategie poszukiwania pracy. Jedną z nich jest systematyczne przeglądanie ofert pracy w prasie lub na stronach portali internetowych zajmujących się tego typu działalnością. Drugą, szczególnie często wykorzystywaną przez osoby już pracujące jest zarejestrowanie swojego CV w internetowej bazie danych kandydatów. Korzyścią takiego rozwiązania jest możliwość znalezienia pracy u pracodawcy, który nie publikuje ogłoszenia. Zwiększa to także prawdopodobieństwo, że naszym życiorysem zainteresuje się kilku potencjalnych pracodawców. Można też przygotowywać dokumenty aplikacyjne pod kątem zidentyfikowanych przez nas pracodawców, u których szczególnie chcielibyśmy podjąć zatrudnienie, i w ten sposób wysyłać bezpośrednio do nich swoje dane. Niekiedy rozsądne wydaje się jednoczesne wykorzystanie opisanych powyżej metod, gdyż zwiększa to naszą szansę otrzymania interesującej oferty.

Przekaz, czyli ogólne zasady pisania dokumentów

Znajomość procesu podejmowania decyzji przez osobę rekrutującą jest niezmiernie ważnym elementem na drodze tworzenia CV i listu motywacyjnego. Ułatwia nam właściwe sformułowanie i dobór informacji oraz zachowanie stosownej proporcji między doborem najtrafniejszych faktów i osiągnięć.

Pamiętajmy, że podstawą dobrego komunikowania się z potencjalnym pracodawcą jest znajomość mechanizmów rządzących podejmowaniem decyzji na etapie selekcji aplikacji. Ze względu na ograniczoną ilość czasu, rekruter będzie się starał jak najszybciej wyrobić sobie zdanie na temat kandydata. Dokona tego na podstawie interpretacji danych zawartych w dokumentach. Pomocna w tym jest umiejętność pisania dokumentów aplikacyjnych, sprowadzająca się do:

- zachowania przejrzystości tekstu,
- prostoty języka i
- hasłowości.

Niemniej, aby skutecznie dotrzeć do odbiorcy ze swoim przekazem, trzeba wiedzieć także o kilku poniższych zasadach.

ZASADA STRESZCZALNOŚCI

Większości z nas wydaje się, że im więcej napiszemy, tym lepiej. Nie ma bardziej błędnego przekonania. W praktyce wygląda to tak, że jest dużo słów i mało treści. Warto postawić się w sytuacji osoby, która ma przeczytać kilkadziesiąt aplikacji na konkretne stanowisko i wybrać kilka najlepszych. Jeżeli w każdej z nich natknęłaby się na potok słów, to na pewno stopień znużenia i spadek koncentracji uwagi bardzo szybko obniżyłby efektywność jej pracy.

Im mniej słów, tym większa wartość każdego z nich.

Zamiast pisać: *Moje zainteresowania pozazawodowe koncentrują się wokół malarstwa surrealistycznego, ze szczególnym naciskiem na dzieła Salvadora Dali, który był czołowym reprezentantem tego gatunku.*

Wystarczy napisać: *Interesuję się malarstwem surrealistycznym.*
Innymi słowy, piszemy zajawkowo, informacyjnie, bez zbędnych ozdobników.

ZASADA WIARYGODNOŚCI

Należy podawać tylko te informacje, które są zgodne z prawdą i co do których będziemy potrafili przekonać pracodawcę podczas rozmowy kwalifikacyjnej. Najczęściej, choć nie tylko, ma to odzwierciedlenie w obszarze znajomości języków obcych. Warto wymienić wszystkie języki obce, jakimi się posługujemy. Niemniej często zdarza się, że kandydaci zawyżają w tym zakresie swoje umiejętności, co bardzo szybko zostaje zweryfikowane podczas rozmowy rekrutacyjnej, tworząc tym samym niezręczną i niekomfortową sytuację dla obu stron. Warto w tym przypadku uwiarygodniać swoją wypowiedź poprzez podanie obiektywnych wskaźników, np. nazw zdanych egzaminów językowych lub instytucji, które prowadziły kursy.

ZASADA SPÓJNOŚCI

Aby przekaz został właściwie odebrany, musi być spójny, czyli że podawane informacje nie mogą się wzajemnie wykluczać, ale powinny się wzmacniać. Jeżeli rozwijamy jakiś wątek w liście motywacyjnym, to musi on mieć odniesienie do danych w CV, a także być adekwatny do oferty, na jaką odpowiadamy. Spójność łączy się z powtarzalnością, czyli podkreślaniem najważniejszych informacji w różnych kontekstach, co czyni przekaz bardziej wyrazistym. Dodatkowo zasada ta odnosi się też do spójności między treścią a formą graficzną dokumentów.

ZASADA JASNEJ, PRZEJRZYSTEJ STRUKTURY

Struktura dokumentów ma być przejrzysta, czytelna, przyciągająca uwagę, zachęcająca do zapoznania się z nimi. Oznacza to, że zdecydowanie rezygnujemy ze wszelkich upiększeń, tabel, kolorów i tym podobnych udziwnień. Nie stosujemy kolorowych czcionek o nietypowych kształtach ani wzorków. Nie wysyłamy także dokumentów na kolorowych kartkach. Czcionka oraz jej rozmiar powinny być standardowe. Zwykle używa się czcionki „12" lub „14" przy zachowaniu odstępu 1,5-wersowego. W celu wyróżnienia poszczególnych danych dopuszczalne jest stosowanie:

- podkreśleń,
- pogrubień,
- znaczniejszych odstępów lub punktatorów.

Ponadto informacje powinny być napisane zrozumiałym, prostym językiem, ale nie potocznym. Zwracamy uwagę na tzw. literówki, błędy ortograficzne, fleksyjne, a także na to czy właściwie napisaliśmy nazwę firmy.

ZASADA UNIKATOWOŚCI

Unikatowość to tak naprawdę umiejętność uwypuklenia tych swoich atutów w kontekście oferty pracodawcy, których przypuszczalnie nie będą mieli kontrkandydaci. Na przykład: można przewidzieć, że na stanowisko specjalisty ds. marketingu będzie się ubiegała większość osób z wykształceniem kierunkowym. Niekoniecznie każda z nich będzie mogła się pochwalić wdrażaniem na rynek nowej marki jakiegoś produktu albo prowadzeniem badań marketingowych np. w zakresie satysfakcji klientów z korzystania ze sprzętu firmy BV.

W tym miejscu wyraźnego podkreślenia wymaga kwestia opacznego rozumienia unikatowości. Bywa, że kandydaci, chcąc się wyróżnić na tle konkurentów, stosują nie zawsze odpowiednie zabiegi. Najpowszechniejszym z nich jest dołączanie do CV zdjęć innych niż legitymacyjne. Pojawiają się fotografie w gronie rodzinnym, z psami lub kotami, w czasie wypoczynku wakacyjnego (często w stroju kąpielowym) lub w wielu podobnych, nietypowych sytuacjach.

Pamiętajmy, że zdjęcie powinno być dołączone przede wszystkim w sytuacji, gdy stanowisko, na które aplikujemy, ma charakter reprezentacyjny, np. rzecznika prasowego. Zwykle pracodawcy określają ten wymóg w ogłoszeniu. Załączamy wtedy zdjęcie w formacie legitymacyjnym. W innych sytuacjach można zrezygnować z tego elementu autoprezentacji.

Poza znajomością opisanych zasad warto stosować też specjalne zabiegi stylistyczne, aby tekst był dynamiczny, obrazowy. Dzięki temu zaciekawimy osobę dokonującą wstępnej selekcji dokumentów i skoncentrujemy jej uwagę na naszej ofercie.

Należy budować zdania krótkie, używając czasowników i rzeczowników. Unikamy stosowania przymiotników, przysłówków, oczywiście poza tymi niezbędnie koniecznymi. Dobrane słownictwo powinno wywoływać u czytającego pozytywne skojarzenia. Wypowiedzi formułujemy w pierwszej osobie liczby pojedynczej, ale nie nadużywamy zaimka „ja".

To znaczy, zamiast pisać:

Kiedy piastowałem stanowisko regionalnego przedstawiciela handlowego, liczba odbiorców uległa zwiększeniu,

znacznie lepiej jest napisać po prostu:

W ciągu roku pracy doprowadziłem do zwiększenia liczby klientów o 30%.

Osoba czytająca od razu ma obraz skuteczności działań kandydata. Wiemy, czego dokonał, w jakim czasie i że to on osobiście odpowiadał za te działania.

Warto pamiętać także o niestosowaniu skrótów. Ich nadmiar bywa frustrujący dla odbiorcy, zwłaszcza gdy ich rozszyfrowanie pozostaje poza jego możliwościami.

Jako podsumowanie przedstawionych podstawowych reguł formułowania przekazu zostaną poniżej zaprezentowane dwa przykłady fikcyjnych dokumentów aplikacyjnych. Pierwszy z nich będzie przykładem negatywnym, drugi pozytywnym.

ALICJABUJEK

Informacje osobiste	• Stan cywilny: Mężatka • Wiek: 38 lat • Miejsce urodzenia: 18.07.1069
Doświadczenie zawodowe	[2004 - nadal] **Kierownik Kontroli ds. Żywności** **[1998 - 2004]** Zakłady Przetwórstwa Warzyw Przedszkole przyzakładowe Intendentka – Księgowa – Specjalista ds. rozliczeń **[1986 - 1998]** Zakłady Drpobiarski „Implex” Referent [1980 - 1986] Zakłady Drobiarskie Wrocław Zaopatrzeniowiec - referent
Wykształcenie	**[Średnie]** **Technikum Gastronomiczne** Technologia żywienia zbiorowego
Dodatkowe kwalifikacje, szkolenia	Kurs BHP Znajomość systemu HACP Kurs komputerowy /Word, Exel/
Zainteresowania	Gotowanie, spacery gorskie
Cechy osobowości	Dokładność, wytrwałość, solidność

Wyrażam zgodę na przetwarzanie moich danych osobowych zawartych w mojej ofercie pracy dla potrzeb niezbędnych do realizacji procesu rekrutacji, zgodnie z Ustawą o Ochronie Danych Osobowych z dn. 29.08.1997 (Dz.U. nr 133 poz. 883).

Już na podstawie tak krótkiego tekstu można się przekonać, jak trudno czyta się aplikację napisaną w sposób chaotyczny zarówno na poziomie treści, jak i prezentacji graficznej. Zaburzona została przede wszystkim struktura tekstu. Widoczny jest brak dbałości o przejrzystość tekstu. Odstępy pomiędzy poszczególnymi sekcjami są przypadkowe, występuje niejednolita czcionka. Pomijając nieadekwatny format CV, zauważalny jest brak podstawowych danych, m.in. kontaktowych. Poza tym pojawiły się literówki, błędy w nazwach obcojęzycznych (np. HACP, Exel), błędy logiczne (np. w kategorii miejsce urodzenia została podana data). Najpoważniejszy jest jednak brak spójności. Kandydatka uważa się za osobę solidną i dokładną. Zaprzecza temu forma dokumentu. Dodatkowo niespójność ujawnia się w przebiegu kariery zawodowej. Nie wiemy, w jakiej firmie obecnie jest zatrudniona i dlaczego na takim stanowisku. Nic również nie napisała o zakresie swoich obowiązków.

Informacje zawarte w tym CV są:

- niewyczerpujące,
- niespójne,
- zaprezentowane niestarannie i chaotycznie.

Nie wzbudzają też wiarygodności, bo skoro kandydatka powołuje się na znajomość systemu HACCP (jest to systemowe podejście w zarządzaniu bezpieczeństwem zdrowotnym żywności podczas jej produkcji i dystrybucji) i pisze jego nazwę z błędem, to pojawia się wątpliwość, czy rzeczywiście wykorzystuje go w codziennej pracy. Prawdopodobnie tak przygotowany życiorys nie zachęci pracodawcy do zaproszenia kandydatki do drugiego etapu procesu rekrutacyjnego, jakim jest rozmowa kwalifikacyjna.

A oto drugi przykład:

CURRICULUM VITAE

Imię i nazwisko	**Krzysztof Mąkol**
Data i miejsce urodzenia	18.06.1977, Poznań
Adres domowy	ul. Polna 3/5, Kraków
Telefon	610 256 610
e-mail	km@gazeta.pl

Doświadczenie zawodowe:

13.05.2002 – nadal

Company VN firma motoryzacyjna zajmująca się produkcją komponentów do maszyn rolniczych

Inżynier ds. Produkcji/Technolog

/zarządzanie i usprawnianie procesu produkcyjnego w oparciu o założenia Lean Production oraz techniki Just-In-Time, odpowiedzialność za wyniki produkcyjne, planowanie produkcji, terminowe dostawy do klientów firmy oraz komponentów do produkcji własnej, utrzymywanie kontaktów z klientami firmy oraz poddostawcami, odpowiedzialność za proces technologiczny i wdrożenia nowych produktów/

02.01.2000–12.05.2002

Rolprojekt firma handlowa zajmująca się dystrybucją materiałów i maszyn rolniczych

Konsultant – doradca w dziedzinie technologii maszyn

Wykształcenie:

1997–2002 **Politechnika Krakowska,**
Wydział Inżynierii Mechanicznej
Kierunek: Mechanika
Specjalność: Technologia Maszyn i Automatyzacja
Tytuł: Magister inżynier mechanik

1993–1997	**Zespół Szkół Mechanicznych w Poznaniu** Kierunek: Mechanika Pojazdowa Specjalność: Maszyny i Urządzenia Rolnicze Tytuł: Technik mechanik

Ważniejsze kursy i szkolenia:

2005	Certyfikat audytora wewnętrznego systemu jakości ISO 9001:2000 wydany przez TUV Nord Polska
2004	Metody doskonalenia procesu produkcji – KAIZEN

Znajomość języków:

angielski – płynnie w mowie i piśmie /CAE/

Dodatkowe kwalifikacje:

Obsługa komputera, znajomość: Unix, MS-DOS, Windows, MS Office, AutoCAD, Mechanical Desktop.
Rysunek techniczny
Konstruowanie elementów maszyn
Programowanie i obsługa maszyn CNC
Prawo jazdy kat. B

Zainteresowania:

Projektowanie, komputery, internet

Referencje:

Dostępne na życzenie

Wyrażam zgodę na przetwarzanie moich danych osobowych zawartych w mojej ofercie pracy dla potrzeb niezbędnych do realizacji procesu rekrutacji, zgodnie z ustawą o ochronie danych osobowych z dn. 29.08.1997 r. (Dz.U. Nr 133 poz. 883).

Tym razem CV spełnia niemal wszystkie standardowe wymagania. Informacje są ułożone przejrzyście, tworzą logiczną i spójną całość zarówno na poziomie treści, jak i formy. Uwzględnione zostały daty, podane nazwy firm oraz profile ich działalności. Nie pojawiły się błędy językowe. W tak zaprezentowanym CV uwidocznił się profil kandydata uwypuklający logikę i konsekwencję w kreowaniu ścieżki swojego rozwoju zawodowego. Zdecydowaną przewagę w tym dokumencie stanowią informacje, które mogą przyciągnąć uwagę odbiorcy. Należą do nich: pokrewny profil studiów z doświadczeniem zawodowym, szeroka znajomość programów komputerowych, a także kierunkowe podnoszenie kwalifikacji zawodowych. Ponadto wzmianka o Lean Production sugeruje osobie czytającej aplikację, że kandydat nastawiony jest na pracę zespołową, leży ona bowiem u podstaw tego modelu organizowania zasad produkcji.

Choć dane personalne są zaprezentowane poprawnie i właściwie, to można by się zastanowić nad ulepszeniem ich graficznej prezentacji. Należy stworzyć taką, która pozwoliłaby na oszczędność miejsca, a także skoncentrowanie wzroku na ważniejszych kwestiach związanych z doświadczeniem zawodowym kandydata.

Przygotowujemy się do pisania CV i listu motywacyjnego

Rozdział 2

W procesie przygotowywania danych do napisania dokumentów aplikacyjnych przynajmniej dwa warunki muszą być spełnione. Jednym z nich jest zidentyfikowanie informacji na temat oferowanego stanowiska pracy oraz pracodawcy, który poszukuje pracownika. O tym będzie mowa w następnym rozdziale. Drugim jest dokonanie samooceny i zidentyfikowanie swoich mocnych stron. Stanowi to klucz do napisania przekonującego CV oraz listu motywacyjnego. Ważne, aby kandydat miał świadomość, dlaczego proponuje pracodawcy swoją osobę na to konkretne stanowisko pracy. Warto się głębiej zastanowić nad własnymi preferencjami zawodowymi, rozeznać w swoich możliwościach i umiejętnościach, przejrzeć listę dotychczasowych dokonań z tej choćby przyczyny, by poszukiwać pracy, która będzie zgodna z naszą osobowością, a tym samym będzie gwarancją odczuwania satysfakcji. Poczucie zadowolenia z wykonywanej pracy określa się jako przyjemny, pozytywny stan emocjonalny, wynikający z oceny własnej pracy lub doświadczeń z nią związanych.

Decydując się na poszukiwanie lub zmianę pracy, można zacząć od pogłębienia wiedzy w zakresie swojego funkcjonowania w następujących obszarach:

- charakteru pracy, który lubimy wykonywać,
- swoich cech osobowości i preferowanego stylu funkcjonowania,
- zainteresowań zawodowych,
- umiejętności i kompetencji, jakimi dysponujemy.

Na kwestii zasadności przeprowadzania samooceny i sposobach jej dokonania będziemy się koncentrować poniżej.

Budowanie biografii zawodowej

Biografia zawodowa to lista konkretnych dowodów na osiągnięcia, dokonania i umiejętności kandydata. Mają one zainteresować i przekonać pracodawcę do zaproszenia nas na rozmowę rekrutacyjną. Biografia zawodowa nie jest równoznaczna z opisem całego życia zawodowego czy procesu kształcenia kandydata. Nie ma stanowić szczegółowego opisu wszystkich jego aktywności. Nie polega także na suchym wymienieniu listy zajmowanych stanowisk, posiadanych zalet czy poglądów na określone aspekty życia. Każde jej zdanie musi być odpowiednio wyważone i poparte argumentami, a przede wszystkim adekwatne do oczekiwań pracodawcy zawartych w ogłoszeniu prasowym. To, co napiszemy, będzie weryfikowane podczas rozmowy kwalifikacyjnej, będzie też wymagało rozwinięcia.

Innymi słowy, jest to odpowiedź na pytanie: kim jestem i czego potrafiłem dokonać? Pracodawca chce wiedzieć, co kandydat zrobił, bo na tej podstawie wnioskuje o jego potencjalnych możliwościach w kontekście swojej oferty pracy. Podając dowody na konkretne osiągnięcia czy umiejętności (jeśli jeszcze nie mamy doświadczeń zawodowych), uwiarygodniamy się w jego oczach i zwiększamy swoje szanse wobec konkurentów. Przyjrzyjmy się poniższemu opisowi z listu motywacyjnego, dokonanemu przez jedną z kandydatek na stanowisko kupca:

„Drodzy Państwo!

Ja jestem odpowiednią osobą na oferowane stanowisko. Kobietą, żoną, matką. Od czasów liceum pracuję, zarabiam pieniądze, sama się utrzymuję. Początkowo wykorzystywałam umiejętności w pracy biurowej, zaczynałam od zbierania telefonicznych ofert, skończyłam jako osoba praktycznie samodzielnie prowadząca biuro. Następnie zamarzyła mi się praca przedstawiciela handlowego i otrzymałam propozycję takiej pracy. Najpierw w koncernie kosmetycznym „Tulip" jako osoba reprezentująca marki MDI, Superkrem i Kwiam. Po 2 latach chciałam sprawdzić swoją atrakcyjność na rynku pracy, wysłałam ofertę do firmy farmaceutycznej SBWs, zostałam zaproszona na rozmowy i od razu otrzymałam propozycję pracy w dziale kosmetyków leczniczych na terenie Dolnego Śląska. Po roku pracy zaproponowano mi dodatkowo objęcie województwa opolskiego i klientów kluczowych, co przyjęłam i doskonale radziłam sobie w tej sytuacji. Mój ówczesny przełożony zaproponował mi stanowisko sales developer we wchodzącej na polski rynek firmie kosmetycznej, w której on został menedżerem sprzedaży. Przyjęłam tę propozycję i zajęłam się budowaniem sieci sprzedaży, kontaktami z kluczowymi klientami i hurtowniami na terenie województw: dolnośląskiego, opolskiego i wielkopolskiego. Z czasem moje stanowisko z „budowniczego sprzedaży" przekształciło się w przedstawiciela handlowego.

Interesuje mnie praca w koncernie międzynarodowym, bo daje ona poczucie stabilności. Nie chodzi koniecznie o stanowisko przedstawiciela handlowego czy regionalnego, chociaż w tym temacie poruszam się bez żadnych problemów. Jestem doskonałą organizatorką, o czym już wspomniałam. Podoba mi się oferowana przez Państwa praca kupca i mam predyspozycje, by się w niej realizować. Świetnie znajduję się w kontaktach z ludźmi, mam intuicję i wyczuwam intencje klientów. W tym temacie odgrywają dużą rolę moje wrodzone zdolności interpersonalne poparte wiedzą pedagogiczną (skończyłam studia w tym kierunku).

Moja postawa zawodowa opiera się na dążeniu do sukcesu, otwarciu na klienta, zaangażowaniu, odpowiedzialności i pragmatyzmie. Wierzę w to, że sama decyduję o sukcesie lub porażce. Umiem znaleźć praktyczne rozwiązania najbardziej palących problemów. Jestem pewna, że zapewnię pracodawcy standard działania na najlepszym poziomie.

Jestem do dyspozycji i z niecierpliwością czekam na spotkanie kwalifikacyjne. Zapewniam, że nie będzie to zmarnowany czas".

Co konkretnie wiemy o kandydatce po przeczytaniu takiego listu? Jakie mamy dowody, że rzeczywiście jest ona osobą, którą warto zaprosić na rozmowę rekrutacyjną i że „nie będzie to zmarnowany czas"? Zastanówmy się, co właściwie kryje się pod sformułowaniami typu:

- jestem odpowiednią osobą na oferowane stanowisko,
- wykorzystywałam umiejętności w pracy biurowej,
- doskonale radziłam sobie w tej sytuacji (objęcia większego regionu sprzedaży),

- jestem doskonałą organizatorką,
- mam predyspozycje, by się (na tym stanowisku) realizować,
- świetnie znajduję się w kontaktach z ludźmi,
- umiem znaleźć praktyczne rozwiązania.

Tak naprawdę są to ogólniki, hasła, za którymi nie stoją żadne konkrety. Nie zachęcą osoby selekcjonującej dokumenty do zaproszenia tej kandydatki na spotkanie. Pomimo długości tekstu, niczego nie wniósł on do naszej wiedzy o niej. Co trzeba by było zmienić, aby był on przekonujący?

Wersja oryginalna	Wersja zmieniona
Jestem odpowiednią osobą na oferowane stanowisko	**Dlaczego???** Posiadam 5-letnie doświadczenie zawodowe w strukturach działu sprzedaży. Zaczynałam od najniższego szczebla w hierarchii, tj. od stanowiska......, na którym odpowiadałam za........ Dzięki comiesięcznemu osiąganiu maksymalnych wyników w realizacji założeń budżetowych na terenie mojego regionu, zaproponowano mi awans. albo W okresie pierwszego roku pracy zwiększyłam liczbę klientów firmy o 40%. Przełożyło się to na wzrost wartości sprzedaży. Trzykrotnie zostałam najlepszym przedstawicielem handlowym w ramach całego koncernu za osiągane wyniki sprzedaży. albo Na podstawie badań ankietowych satysfakcji naszych klientów z obsługi najwyższe noty dostałam w zakresie: przestrzegania terminowości, rzetelności i kultury osobistej.
Wykorzystywałam umiejętności w pracy biurowej	**Jakie umiejętności i dlaczego to było takie ważne?** Dzięki wytrwałości, pracowitości i odporności na stres, pomimo dużej konkurencji, jaka była w branży usług projektowych, sukcesywnie zwiększałam ilość pozyskiwanych ofert (do 2–3 tygodniowo). Doprowadziło to do rozwoju biura i konieczności zatrudnienia nowych projektantów.
Umiem znaleźć praktyczne rozwiązania	**Jakie rozwiązanie? Należy podać konkretny przykład.** W sytuacji realnego ryzyka wycofania się ze współpracy jednego z naszych kluczowych klientów, rozpoznałam źródła jego niezadowolenia i zaproponowałam zmianę formy płatności. Dzięki temu nadal współpracuje on z firmą.

Oczywiście są to jedynie nieliczne, z wielu możliwych, propozycje. Celem ich było unaocznienie Czytelnikowi, jak odbiór poszczególnych treści może się zmienić w zależności od ich sformułowania.

Aby nie wpaść w podobną pułapkę tzw. wodolejstwa, na etapie przygotowań do stworzenia dokumentów aplikacyjnych pomocne może się okazać wypełnienie następującej ankiety.

STANOWISKO I ZAKRES OBOWIĄZKÓW	CO UDAŁO MI SIĘ ZROBIĆ, OSIĄGNĄĆ?
Zajmuję stanowisko: .... **Odpowiadam za:** 1... 2... 3... 4... 5... 6...	**Lista obiektywnych dowodów (w postaci liczb, terminów, nagród, pochwał itp.) w odniesieniu do KAŻDEGO obowiązku:**

W konstruowaniu biografii zawodowej najważniejsze jest odwoływanie się do:

- kategorii wielkości,
- kategorii czasu oraz
- kategorii korzyści finansowych.

Pisząc w kategoriach wielkości, zobowiązani jesteśmy przytoczyć liczby będące miarą naszych osiągnięć, np.:

„wprowadziłam 5 nowych marek produktów na rynek polski", „jestem autorem projektów dla 20 stron internetowych", „przeprowadziłam rekrutację 30 telemarketerów do 6 naszych punktów obsługi klienta na terenie całej Polski".

Odwołując się do kryterium czasu, informacja mogłaby mieć następującą formę: *„w okresie 3 miesięcy wdrożyłem nową technologię produkcji", „zaproponowałem nowe procedury, które usprawniły proces obsługi klienta z 30 do 15 minut".*

I w końcu przykłady uwypuklające dokonania w sferze korzyści finansowych mogłyby wyglądać następująco:

„dzięki mojemu projektowi firma pozyskała dodatkowe środki w kwocie..........", „odpowiadałem za budżet w wysokości..........", „przyczyniłem się do wzrostu obrotów firmy o 25%".

UWAGA!

Zamieszczenie w dokumentach aplikacyjnych przykładów swoich dokonań stanowi element przewagi konkurencyjnej w procesie selekcji, a także na dalszych etapach rekrutacji.

Najprostszą metodą ich poszukiwania jest odpowiedź na trzy pytania:

1. Jakie miałem(-am) zadanie?
2. Co zrobiłem(-am), by je wykonać?
3. Jakie były efekty moich działań?

Czyli wypowiedź konstruujemy wokół schematu:

W przypadku osób posiadających doświadczenia zawodowe w pracy w różnych firmach lub na kilku stanowiskach w ramach jednej firmy, dobrą strategią będzie poszukanie dowodów na swoje najbardziej znaczące osiągnięcie na każdym stanowisku lub w każdej z firm, w której pracowaliśmy. Można to zrobić w następującej formie:

NAZWA PRACODAWCY I STANOWISKA LUB STANOWISK	MOJE NAJWIĘKSZE OSIĄGNIĘCIE NA STANOWISKU PRACY
1. Nazwa pracodawcy: a) Zajmowane stanowisko: …………………………………….. Okres zatrudnienia na stanowisku: od……….. do……… b) Zajmowane stanowisko: …………………………………….. Okres zatrudnienia na stanowisku: od……….. do………	**1.** Moim największym dokonaniem/ osiągnięciem/sukcesem było: a) b)
2. Nazwa pracodawcy: a) Zajmowane stanowisko: …………………………………….. Okres zatrudnienia na stanowisku: od……….. do……… b) Zajmowane stanowisko: …………………………………….. Okres zatrudnienia na stanowisku: od……….. do………	**2.** Moim największym dokonaniem/ osiągnięciem/sukcesem było: a) b)
3. Nazwa pracodawcy: a) Zajmowane stanowisko: …………………………………….. Okres zatrudnienia na stanowisku: od……….. do……… b) Zajmowane stanowisko: …………………………………….. Okres zatrudnienia na stanowisku: od……….. do………	**3.** Moim największym dokonaniem/ osiągnięciem/sukcesem było a) b)

Dobrą praktyką jest także przygotowanie sobie pisemnej formy tzw. kalendarium zawodowego. Stanowiłoby ono pewną podstawę do pisania CV, ale także materiał, na podstawie którego moglibyśmy przygotować się do rozmowy kwalifikacyjnej. Jego postać mogłaby być zbliżona do proponowanej powyżej. Niemniej główny nacisk należałoby położyć na wypisanie wszystkich projektów, jakie mieliśmy okazję realizować na danym stanowisku pracy. Rzecz w tym, że realizując kolejne projekty, mogliśmy mieć okazję do wykorzystania odmiennych umiejętności i wiedzy. Ponadto każdy z tych projektów mógł mieć zarówno inną dynamikę, jak i różny rezultat.

Warto skoncentrować się nie tylko na sukcesach, ale także na porażkach, i zastanowić się:

- ✓ ***czego one nas nauczyły,***
- ✓ ***jakiej wiedzy o nas nam dostarczyły,***
- ✓ ***jakie wyciągnęliśmy z nich wnioski na przyszłość?***

UWAGA!

Autoanaliza, czyli bilans umiejętności i mocnych stron

Im lepiej rozeznamy swoje potrzeby i umiejętności zawodowe, tym lepiej zaprezentujemy je w dokumentach aplikacyjnych. Bilans umiejętności i mocnych stron stwarza okazję do uporządkowania wiedzy o sobie. Będziemy wiedzieli, jakie są nasze atuty i nad czym warto by było jeszcze popracować. Dla większości osób pisanie czy mówienie o swoich mocnych stronach nie stanowi łatwego zadania. Dlatego i z tego powodu warto się nad nimi zastanowić.

UWAGA!

Samoocena jest opłacalną inwestycją w siebie na etapie przygotowywania CV i listu motywacyjnego. Pozwala wykorzystać w procesie rekrutacji wiedzę, którą mamy o sobie. Umożliwia racjonalny wybór stanowiska pracy, zgodny z naszymi preferencjami, a nie dopasowanie się do niego. Jest ona zestawieniem cech osobowości, wiedzy merytorycznej, kwalifikacji i umiejętności.

Pamiętajmy, przy dokonywaniu samooceny należy zapewnić sobie kilka chwil spokoju i skupienia, by wnikliwie zastanowić się nad własnymi atutami. Najlepiej zrobić to w formie pisemnej.

W związku z tym na początek spróbujmy wypełnić poniższą ankietę.

ZASTANÓW SIĘ, a następnie wypełnij:

1. Co potrafię najlepiej robić?

2. W jakiej dziedzinie mam najwięcej wiedzy?

3. Jakie mam najważniejsze doświadczenia zawodowe?

4. Jakie są zalety mojego charakteru?

Refleksja nad powyższymi pytaniami stanowi pierwszy krok w identyfikacji indywidualnych umiejętności, kompetencji. Jeżeli okazałoby się to zbyt trudnym zadaniem, można posłużyć się przykładową listą poniższych umiejętności.

LISTA UMIEJĘTNOŚCI

Dokończ zdania przykładami ze swojej działalności

Potrafię:
doradzać ludziom, bo ....
organizować pracę innym, bo ....
koordynować pracę zespołu, bo ....
delegować zadania i odpowiedzialność, bo ....
planować, bo ....
przekonywać innych do swoich pomysłów, bo ....
udzielać informacji zwrotnych, bo ....
nawiązywać nowe kontakty, bo ....
utrzymywać długoterminowe relacje z klientami, bo ....
negocjować, bo ....
dokonywać analiz, bo ....
udzielać korepetycji, bo ....
projektować, bo ....
sprzedawać, bo ....
obsługiwać klientów, bo ....
przygotowywać pokazy, bo ....
wdrażać nowe technologie, bo ....
przygotowywać i prowadzić dokumentację, bo ....
wzorowo prowadzić korespondencję z klientami, bo ....
prowadzić szkolenia, wykłady, bo ....
zarządzać personelem, bo ....
motywować innych, bo ....

Posiadam:
zdolność szybkiego uczenia się, bo ....
umiejętność rozwiązywania konfliktów, bo ....
cierpliwość do trudnych klientów, bo ....
wysoki stopień odpowiedzialności, bo ....
umiejętność przekonywania innych, bo ....
umiejętność organizowania i prowadzenia spotkań, bo ....
umiejętność sprawnego działania pod presją czasu, bo ....

Inne umiejętności:

Starajmy się poszukać jak najwięcej argumentów do większości umiejętności. Może się też okazać, że zainspirują nas one i przypomnimy sobie o innych umiejętnościach, które mogą się okazać warte przytoczenia w CV lub w liście motywacyjnym. Jednocześnie pamiętajmy, że osiągnięcie powinno być zawsze formułowane w kategoriach naszego zachowania, działania. Na przykład: *„potrafię projektować i prowadzić szkolenia* (umiejętność), ***bo*** *przeprowadziłam szkolenie dla całego działu obsługi klientów, którego efekty w postaci wzrostu efektywności pracy zauważyli moi przełożeni i otrzymałam pisemną pochwałę”* (osiągnięcie).

Kolejną cenną wskazówką może być wiedza, że kompetencje najwyraźniej ujawniają się podczas realizacji:

- nietypowych,
- odpowiedzialnych,
- stresogennych, czy też
- nowych dla nas zadań.

Dlatego w razie trudności w ich identyfikowaniu wystarczy przypomnieć sobie przykład jakiegoś naszego działania lub realizowanego zadania w aspekcie jednej z powyższych sytuacji. Kompetencje wyrażają się poprzez zachowania, które przyczyniają się do powodzenia zawodowego na stanowisku pracy. Następnie, podobnie jak w przypadku dowodów na osiągnięcia zawodowe, szukamy argumentów na nasze kompetencje, umiejętności.

W tym celu możemy wykorzystać następującą ankietę:

CZY BYŁA JAKAŚ TRUDNOŚĆ, KTÓRĄ POKONAŁEM(-AM)?	KOMPETENCJE/CECHY OSOBOWE
Trudność w działaniu/realizacji zadania polegała na:	**W jej pokonaniu pomogły mi następujące cechy/kompetencje:**

Jeśli już wyodrębniliśmy swoje mocne strony, znaleźliśmy na nie konkretne dowody, które pozwolą na uwiarygodnienie się przed potencjalnym pracodawcą, to ostatnim krokiem jest zebranie tych danych i ułożenie w formie pisemnej wypowiedzi.

Przykład

Jestem specjalistą w dziedzinie sprzedaży usług finansowych. W okresie ostatniego półrocza doprowadziłem do 20% wzrostu sprzedaży w sektorze usług dla klientów indywidualnych. W ubiegłym miesiącu pozyskałem 15 nowych klientów, którzy zdecydowali się skorzystać z naszej oferty wraz ze swoimi rodzinami. Powyższe cele osiągnąłem dzięki łatwości nawiązywania kontaktów interpersonalnych, wytrwałości w odpowiadaniu na liczne pytania klientów oraz ciągłemu uzupełnianiu swojej wiedzy merytorycznej.

Na zakończenie jeszcze jedna lista – czasowników, które mogą okazać się użyteczne przy dokonywaniu własnej charakterystyki zawodowej, czyli samoopisu.

Lista pomocnych czasowników

adaptować, analizować, aranżować, administrować, aktualizować, asystować, budować, badać, budżetować, celować, decydować definiować, diagnozować, doradzać, dotrzymywać, egzaminować, finansować, funkcjonować, formalizować, generować, gromadzić, handlować, identyfikować, inicjować, inspirować, instruować, integrować, interpretować, inwestować,

kalkulować, kierować, klasyfikować, konsolidować, konsultować, kontaktować, kontrolować, komunikować, konceptualizować, koordynować, korygować, kreować, kształtować, liczyć, likwidować, maksymalizować, modelować, modyfikować, motywować, nadzorować, nagradzać, negocjować, obliczać, obniżać, obsadzać personelem, obserwować, obsługiwać, oceniać, ochraniać, odkrywać, odnawiać, organizować, osiągać,

partycypować, pilnować, pilotować, pisać, planować, podejmować, podwajać, ponosić odpowiedzialność, poprawiać, porównywać, posiadać, poszerzać, poszukiwać, pośredniczyć, precyzować, prezentować, prognozować, prowadzić, przeglądać, przekonywać, przemawiać, przewidywać, promować, przewodniczyć, przygotowywać, przyspieszać, przywracać, publikować, ratować, realizować, redagować, regulować, rekomendować, rekrutować, rekonstruować, reprezentować, rozdzielać, rozprowadzać, rozstrzygać, rozsyłać, sterować, stosować, szacować, szkolić, testować, tworzyć, uczyć się, udoskonalać, ukończyć, umożliwiać, uprościć, usprawniać, ustalać, utrzymywać, wpływać, wprowadzać, wybierać, wyceniać, wyjaśniać, wykonać, występować, wyszukiwać, wzmacniać, zachęcać, zakładać, zakończyć, zamawiać, zapewniać, zapisywać, zaprogramować, zaprojektować, zarządzać, zauważać, zbierać, zdecydować, zdobywać, zmienić, zredukować, zwyciężać, zyskiwać.

A teraz, zbierając wszystkie powyższe informacje, spróbujmy dokonać w kilku słowach samoopisu.

MIEJSCE NA PODSUMOWANIE MOJEGO BILANSU UMIEJĘTNOŚCI I MOCNYCH STRON:

Formułujemy swój cel zawodowy

W praktyce rzadko się zdarza podawanie przez kandydatów w dokumentach aplikacyjnych swojego celu zawodowego, choć niekiedy ma to miejsce. Wydaje się, że jest to jeden z najbardziej zaniedbywanych elementów CV. Możliwe, że niebawem przyjmie się bardziej amerykański styl formułowania podsumowania na temat swojej kandydatury. Idea podsumowania zakłada połączenie najważniejszych osiągnięć, umiejętności, obecnej sytuacji zawodowej oraz celu osoby starającej się o stanowisko. Zdecydowanie uatrakcyjnia ono odbiór CV, zwiększa jego zawartość merytoryczną. Zdaniem niektórych ekspertów, jego zastosowanie byłoby zasadne głównie w przypadku kandydatów, którzy:

- mają co najmniej pięcioletni staż pracy,
- dysponują szczególnymi osiągnięciami zawodowymi,
- zamierzają awansować w wybranej specjalności,
- chcą zmienić zawód lub branżę albo
- są menedżerami średniego lub wyższego szczebla[1].

[1] Za J. Taylor, D. Hardy, *Jak efektywnie poszukiwać pracy*, Kraków 2006.

Wracając jednak do celu zawodowego, to jego podanie jest uzasadnione, gdy kandydat:

- rozpoczyna swoją karierę zawodową,
- po długim okresie pozostawania bez zatrudnienia powraca na rynek pracy,
- decyduje się na przekwalifikowanie[2].

Bez względu jednak na to czy zdecydujemy się umieścić informację o celu zawodowym w dokumentach, czy też nie, rozważmy go dla własnej refleksji. Świadomość celu wytycza i porządkuje nam dążenie do rozwoju zawodowego. Kształtuje nasz rozwój ścieżki kariery zawodowej.

Zanim zdecydujemy się odpowiedzieć na ofertę pracy, zastanówmy się:

- czy oferowane stanowisko jest zgodne z planem naszego rozwoju zawodowego?
- czy będzie kontynuacją dotychczasowych doświadczeń, ich dalszym rozwojem?
- czy czasem nie będzie to jedynie zmiana pracodawcy?

Może też być tak, że założyliśmy, iż chcemy zmienić branżę albo dążymy do zmiany kondycji finansowej i w naszej ocenie ta konkretna oferta pracy nam to umożliwi.

Cel jest źródłem motywacji, z powodu której odpowiadamy na ofertę pracodawcy. Jednocześnie nie wolno nam zapominać, że uzasadnienie swojej decyzji o wysłaniu dokumentów aplikacyjnych jest konieczne przy sporządzaniu listu motywacyjnego. Oznacza to, że w pewnym sensie jesteśmy zobowiązani wyjaśnić pracodawcy, dlaczego jego oferta pracy wzbudziła nasze zainteresowanie.

Cel powinien być sformułowany krótko, konkretnie i stosownie do oferty pracy, na którą odpowiadamy. Pomocna w jego formułowaniu może być metoda SMART. Jest to skrót powstały z pierwszych liter angielskich słów, które wytyczają ramy tego, jakie elementy powinien zawierać prawidłowo postawiony sobie cel zawodowy.

S - *Specific* - Konkretny:

Co dokładnie zamierzamy osiągnąć? Cel powinien być wyznaczony jako wynik do osiągnięcia. Nie może być określony jako sposób realizacji.

M - *Measurable* - Mierzalny:

Na podstawie jakich wskaźników będziemy wiedzieli, że udało się nam go osiągnąć? Jakie będą kryteria sukcesu? Ilość? Czas: szybkość, terminowość? Jakość? Rezultaty powinny dać się policzyć lub co najmniej zaobserwować?

[2] Tamże.

A – *Acceptable* – Uzgodniony:

Czyjej pomocy będziemy potrzebowali do jego osiągnięcia? Jaką wiedzę i kompetencję będziemy musieli nabyć?

R – *Realistic* – Realistyczny, możliwy do osiągnięcia:

Czy posiadamy wystarczające umiejętności, możliwości, wiedzę, poziom zaangażowania, aby cel zrealizować w wyznaczonym czasie?

T – *Terminate* – Do zrealizowania w konkretnym terminie:

Kiedy zamierzamy zrealizować cel? W jakich odstępach czasu będziemy mierzyć postępy i kiedy zmierzymy efekt końcowy?

Zastanów się nad celem, który motywuje cię do wysłania swojego CV i listu motywacyjnego.

Pomogą ci w tym odpowiedzi na pytania:

- ✓ ***W jakim miejscu zawodowo obecnie się znajduję?***
- ✓ ***Gdzie chcę być za rok?***
- ✓ ***Gdzie chcę się znaleźć za 5 lat?***

UWAGA!

A co w przypadku absolwenta?

Niekoniecznie trzeba mieć doświadczenia zawodowe, by przygotować listę dowodów na swoje osiągnięcia czy umiejętności. Jest to ważne dla absolwentów, którzy powinni się zastanowić nad tym w kontekście innych obszarów swojej aktywności, np. działalności w wolontariacie, harcerstwie, organizacjach młodzieżowych czy studenckich, a nawet w zakresie rozwijania swoich zainteresowań.

Załóżmy, że jest kandydatka, która właśnie skończyła uczelnię, poszukuje pracy i zainteresowała ją oferta pracy na stanowisku specjalisty ds. promocji. Jest ona zgodna z profilem jej wykształcenia, ale kandydatka nie posiada żadnych doświadczeń zawodowych w tym zakresie. Niemniej po analizie własnego celu zawodowego, umiejętności i osiągnięć postanowiła odpowiedzieć na ogłoszenie. Przyjrzyjmy się, jak wyglądała jej autoanaliza.

MÓJ CEL:
praca na stanowisku specjalisty ds. promocji w międzynarodowym koncernie (stworzy mi to okazję do nabycia praktycznej wiedzy w dużym środowisku pracy, uczenia się od najlepszych, bo koncerny mają już wypracowane pewne narzędzia, rozwoju własnych możliwości w zakresie promocji).

BILANS UMIEJĘTNOŚCI I OSIĄGNIĘĆ:

- ✓ *od 3 lat jestem instruktorką tańca sportowego i hip-hopowego (tańczę od 6. roku życia, uczestniczyłam w wielu turniejach),*
- ✓ *potrafię w sposób interesujący prowadzić zajęcia dla dzieci i młodzieży oraz osób dorosłych (zawsze mam komplet kursantów, powstają nawet listy rezerwowe),*
- ✓ *otrzymałam wyróżnienie Fundacji na Rzecz Rozwoju Ruchu za opracowanie indywidualnego programu tańca dla dzieci w wieku przedszkolnym i propagowanie idei ruchu poprzez taniec,*
- ✓ *podczas wakacyjnych obozów dla dzieci i młodzieży w sezonie 2004/2005 prowadziłam zajęcia z hip-hopu,*
- ✓ *mam umiejętności organizacyjne i tworzenia koncepcji,*
- ✓ *łatwo nawiązuję kontakty z ludźmi, potrafię ich zaangażować – prowadzenie zajęć z tańca nigdy nie było dla mnie problemem,*
- ✓ *potrafię elastycznie dostosować się do wymogów i możliwości grupy – kilkakrotnie musiałam na bieżąco modyfikować program zajęć.*

UWAGA!

Bardzo często się zdarza, że w trakcie studiów bądź to z własnej inicjatywy, bądź niekiedy obligatoryjnie studenci uczestniczą w programie praktyk zawodowych. Warto sobie o tym przypomnieć i skoncentrować się na zadaniach, które należały do obowiązków, oraz na przebiegu ich realizacji. Przydatna może być tutaj również praca wakacyjna. Ponadto korzystne mogą się okazać dodatkowe kursy, ukończone w czasie nauki. Wtedy uwypuklamy taką cechę, jak zaangażowanie lub ciekawość poznawcza, gotowość do pogłębiania wiedzy. Z punktu widzenia pracodawcy to też są atuty, którymi również należy się pochwalić.

Stosowne jest, by absolwent ujął w swoim CV i liście motywacyjnym informacje związane z:

- ✓ ***dodatkowymi kursami, certyfikatami i zaświadczeniami dającymi określone uprawnienia,***
- ✓ ***odbytymi stażami i praktykami,***
- ✓ ***udziałem w różnych konkursach np. „Grasz o staż”,***
- ✓ ***wyjazdami za granicę np. w charakterze pilota wycieczek czy opiekunki,***
- ✓ ***przynależnością do organizacji studenckich i działalnością w nich,***
- ✓ ***zainteresowaniami.***

Pamiętajmy, by nie było to jedynie suche podanie faktów, ale ich przełożenie na nasze atuty w kontekście oferty pracy.

UWAGA!

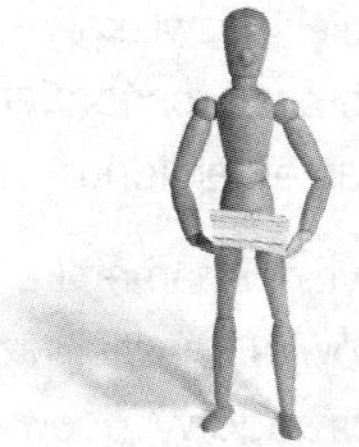

Poszukujemy danych

o pracodawcy i stanowisku

Rozdział 3

Zanim zabierzemy się za przygotowywanie dokumentów aplikacyjnych, wskazane jest poszukanie informacji na temat pracodawcy, a także stanowiska pracy, na które jest poszukiwany kandydat. Udoskonali to nam proces przygotowywania aplikacji.

Ponadto, znając pracodawcę, łatwiej jest przewidzieć (albo bezpośrednio się dowiedzieć), jakiego typu aplikacje są najchętniej przyjmowane. Dlaczego to jest takie ważne? Otóż inną formę mogą mieć dokumenty przygotowywane do firm polskich czy europejskich, a inną do firm amerykańskich.

Tak więc CV w wydaniu amerykańskim to *Resume* stanowiące zwięzłe podsumowanie umiejętności i osiągnięć kandydata. Jest ono krótsze niż CV i oprócz Stanów Zjednoczonych obowiązuje także w Kanadzie.

W Resume nie umieszczamy takich danych osobowych, jak:

- ✓ ***narodowość, rasa,***
- ✓ ***pochodzenie etniczne,***
- ✓ ***płeć,***
- ✓ ***wiek,***
- ✓ ***stan małżeński,***
- ✓ ***wyznanie,***
- ✓ ***dane o dzieciach czy o stopniu niepełnosprawności.***

Nie jest też w dobrym tonie zamieszczanie zdjęcia.

UWAGA!

To co koniecznie powinno się znaleźć w kategorii „dane personalne", to:

- imię i nazwisko,
- adres korespondencyjny i mailowy oraz
- numer telefonu.

Życiorys amerykański zaczynamy od imienia i nazwiska bez dawania żadnego nagłówka, inaczej niż w przypadku życiorysu europejskiego. Następnie podajemy cel zawodowy, doświadczenie zawodowe w porządku niechronologicznym oraz informacje dotyczące wykształcenia i umiejętności.

Zwrócić trzeba też uwagę, że w języku angielskim używanym w Stanach Zjednoczonych obowiązują nieco odmienne zasady gramatyki i pisowni niż w języku angielskim używanym w Wielkiej Brytanii, np. angielskie słowo „organizować" to „*organized*" lub „*organised*", a w wersji amerykańskiej ma jedną postać: „*organized*". Amerykańskie „*favorite*" to angielskie „*favourite*" – czyli „ulubione".

Na zakończenie jeszcze jedna dość istotna różnica: format kartki A4, czyli europejskie 210 x 270 mm to w Stanach Zjednoczonych wymiar 8,5 x 11 cali. Jeśli przygotowujemy dokumenty w wersji elektronicznej, to zmieńmy ustawienia edytora tekstu.

Zawsze ostateczna decyzja należy do kandydata, czy aplikując na stanowisko do firmy o amerykańskiej kulturze organizacyjnej (nawet jeśli funkcjonuje ona na rynku polskim), wyśle CV w stylu europejskim czy amerykańskim. Świadomość tych różnic może jednak stanowić element przewagi konkurencyjnej, zwłaszcza gdy dowiemy się, że decydentem co do wyboru kandydata będzie kadra na szczeblu centrali. Na pewno jednak w przypadku wysyłania dokumentów bezpośrednio do siedziby firmy w Stanach Zjednoczonych czy Kanadzie dostosowujemy się do wymogów panujących w tych krajach.

Szukamy informacji o firmie, na której ofertę pracy zamierzamy odpowiedzieć

Sytuacja nie jest trudna w przypadku, gdy sami stworzyliśmy listę potencjalnych pracodawców, u których chcielibyśmy podjąć zatrudnienie. Wiemy, jakimi kryteriami ich wyboru się kierowaliśmy: czy to branży, czy profilu działalności, czy kultury organizacyjnej, czy też odległości od miejsca zamieszkania. Generalnie z jakichś powodów dobrze poznaliśmy tego pracodawcę, posiadamy o nim konkretne informacje i jest on dla nas atrakcyjny. Inaczej wygląda sytuacja, gdy to pracodawca szuka kandydata.

Jak już wspomniano, zanim zabierzemy się do konstruowania CV i listu motywacyjnego, powinniśmy wiedzieć, kto oferuje stanowisko. Do przygotowania dokumentów aplikacyjnych przydatne byłyby następujące informacje:

- nazwa firmy i jej dane adresowe,
- branża,
- profil działalności (produkcyjny, usługowy, handlowy),
- główne produkty lub usługi,
- misja i wartości,
- kapitał własnościowy.

Są to absolutnie podstawowe i niezbędnie potrzebne nam informacje. Jeżeli znamy branżę, to będziemy mogli w jakiś sposób tę informację odnieść do własnej wiedzy czy doświadczeń zawodowych. Analogicznie postąpimy w przypadku profilu funkcjonowania firmy. Kapitał własnościowy dostarczy nam informacji o pochodzeniu firmy.

Zobaczmy, jakie potencjalnie skutki może przynieść brak wiedzy o pracodawcy.

Załóżmy, że jest kandydat, który przez kilka ostatnich lat pracował na stanowisku księgowego w jednej z dużych polskich firm o profilu handlowo-usługowym. Firma zajmowała się sprzedażą aparatury sanitarnej i akcesoriów do niej, głównie dla klientów instytucjonalnych. Świadczyła też w tym zakresie stosowne usługi serwisowe. W związku z tym, że nie widział możliwości dalszego rozwoju w ramach tej firmy, postanowił rozpocząć poszukiwania nowej pracy, ale w swoim zawodzie. Znalazł ogłoszenie, które wzbudziło jego zainteresowanie. Wstępnie ocenił, że oczekiwania pracodawcy odpowiadają jego kwalifikacjom oraz doświadczeniom, i wysłał swoją aplikację. Nie został jednak zaproszony na rozmowę kwalifikacyjną do tej firmy. Dlaczego?

Czytając ogłoszenie, nie docenił wagi zawartych w nim informacji na temat profilu działalności firmy, jej nazwy, która mogła go naprowadzić na branżę, w jakiej działała. Informacja brzmiała:

„Jesteśmy międzynarodowym koncernem produkcyjnym”.

Natomiast nazwa firmy już sugerowała rodzaj wytwarzanego produktu (była to branża artykułów spożywczych).

Tymczasem kandydat jako swoje atuty podał: *„doskonałą znajomość mechanizmów funkcjonowania przedsiębiorstwa handlowo-usługowego”,* rozpisywał się na temat znajomości produktów i usług sanitarnych. W efekcie jego autoprezentacja okazała się zupełnie nieodpowiednia.

Całkiem inaczej mogłaby się potoczyć rekrutacja w jego przypadku, gdyby od razu wykazał się wiedzą, że księgowość w firmie produkcyjnej i w dodatku jeszcze koncernie międzynarodowym jest prowadzona nieco inaczej. Na przykład mógł podkreślić, że jest zainteresowany praktycznym poznaniem zasad księgowości międzynarodowej, które do tej pory były mu znane od strony teoretycznej. Zakładamy, że pracodawca nie sformułował takiego oczekiwania w swojej ofercie, ale jednocześnie przewidujemy, że w koncernach międzynarodowych te standardy obowiązują.

Można było napisać to wprost: *„choć nie posiadam doświadczeń zawodowych w firmach o profilu produkcyjnym, w branży..., to jednak moim atutem w kontekście Państwa oferty jest....."* i następnie uzasadnić ten wątek.

Na pewno byłoby to o wiele korzystniejsze i bardziej dopasowane do oferty niż podkreślanie swoich ogólnych zalet.

Warto jeszcze uzasadnić, dlaczego na etapie pisania CV i listu motywacyjnego cenna jest wiedza o misji i wartościach firmy. Była już o tym mowa wcześniej, w tym miejscu należałoby ten wątek nieco rozwinąć. Otóż większość firm, a już na pewno każdy większy koncern ma swoją misję i wartości, które są szczególnie w nim cenione. Wyznaczają one wzorce zachowań pracowników. Oba te elementy stanowią część szerszego pojęcia, jakim jest kultura organizacyjna. Ujmując to w największym skrócie, chodzi o styl funkcjonowania firmy. Na podstawie znajomości misji i wartości jesteśmy w stanie w znacznym stopniu przewidzieć jej kulturę organizacyjną, czyli czy firma jest nastawiona przede wszystkim na generowanie zysku, czy na satysfakcję i rozwój jej pracowników, klientów, czy na ochronę środowiska. Wiedza o tym, co jest cenione w firmie, może być pomocnym materiałem przy pisaniu CV i listu motywacyjnego, a wcześniej może nam pomóc w decyzji, czy rzeczywiście chcielibyśmy w tej firmie pracować. Umożliwia nam zastanowienie się, czy jest to zgodne z naszymi wartościami, sposobem funkcjonowania, czy odnajdziemy się w takim środowisku? Jeśli odpowiemy sobie na te pytania pozytywnie, to warto znaleźć takie swoje atuty, które byłyby spójne zarówno z oferowanym stanowiskiem, jak i funkcjonowaniem firmy.

Pamiętajmy, że najbardziej dostępnym i najłatwiejszym źródłem dostępu informacji na temat pracodawcy jest internet. Niemal każda z firm czy instytucji (a już na pewno każda z większych) ma swoją stronę internetową, na której można zapoznać się z interesującymi nas informacjami.

Jak czytać ogłoszenia o pracę?

Nie ma problemu ze znalezieniem danych o pracodawcy, jeśli wiemy, jaka firma oferuje u siebie etat. Jest tak w przypadku, gdy znaleźliśmy ogłoszenie bezpośrednio na jej stronie lub gdy ujawniła swoją nazwę w ogłoszeniu prasowym czy internetowym.

Zdarzają się jednak przypadki, kiedy pracodawca nie ujawnia swojej nazwy lub gdy rekrutację prowadzi firma doradztwa personalnego.

Jak możemy poradzić sobie z tego typu przeszkodą?

Wszystko zależy od naszej umiejętności czytania ogłoszeń i wykorzystywania w pełni wiedzy w nich zawartej.

Ogłoszenie o poszukiwaniu kandydata jest naszym zasadniczym punktem odniesienia w pisaniu CV i listu motywacyjnego. Zawarte są w nim najcenniejsze informacje, do których powinniśmy się bezwzględnie ustosunkować w naszych dokumentach aplikacyjnych.

UWAGA!

Jeśli w ogłoszeniu brakuje nazwy pracodawcy, a ma ono duży format i jest zamieszczone na pierwszych stronach np. „Dodatku o Pracę" „Gazety Wyborczej" lub na stronie portalu internetowego w kategorii „Oferta specjalna", to z dużym prawdopodobieństwem możemy się spodziewać, że jego publikatorem jest poważny pracodawca. Wniosek ten będzie jeszcze bardziej uzasadniony, jeśli w ogłoszeniu pojawi się zapis:

- „jesteśmy liderem w branży.......",
- „naszym klientem jest jeden z czołowych dostawców podzespołów dla przemysłu motoryzacyjnego".

Korzystanie pracodawcy z pośrednictwa firmy doradztwa personalnego może także sugerować, że jest on poważnym oferentem.

Przy tej okazji warto uświadomić sobie jeszcze jedną kwestię. Mianowicie bywa i tak, że firma doradztwa personalnego jest jedynie pośrednikiem publikującym ogłoszenie i odbierającym aplikacje, które następnie zostają przekazane pracodawcy. O tej procedurze kandydat może się dowiedzieć z informacji podanej w ogłoszeniu. Będzie ona mniej więcej tak sformułowana: „wszystkie aplikacje zostaną przekazane naszemu Klientowi".

Sprawa nie będzie budziła naszych wątpliwości, jeśli w adresie, na który mamy wysłać zgłoszenie, będą dane pracodawcy, a nie biura doradztwa personalnego. To także może pomóc nam zidentyfikować pracodawcę.

Kolejną wartą uwagi wskazówką (jeśli pracodawca nie ujawnił swojej nazwy) jest informacja o branży. Aby spróbować go zidentyfikować, możemy poszukać w internecie stron największych koncernów w podanej branży, a następnie sprawdzić, czy czasem na ich stronie nie ma wzmianki o przeprowadzanej rekrutacji. Z kolei, gdy rekrutację prowadzi firma doradztwa personalnego, skutecznym sposobem jest przejrzenie listy jej klientów i zastanowienie się, czy dla któregoś z nich może być poszukiwany pracownik.

Poza danymi pomagającymi odkryć ewentualnego pracodawcę pojawiają się inne zwroty, wobec których nie należy przejść obojętnie. Mają one swoje ukryte znaczenie, pomocne w podjęciu decyzji o zgłoszeniu swojej kandydatury na ofertę pracy.

Oto niektóre z nich:

Fragment z ogłoszenia	**Znaczenie**
„W związku z dynamicznym rozwojem....", „w związku z planowaną nową inwestycją....", „do naszego nowo otwartego oddziału..."	Czyli, odpowiadając na tego typu oferty, możemy się spodziewać, że: • są to zupełnie nowe stanowiska, a nie wakaty (ktoś zrezygnował lub został zwolniony) oraz • firma jest nastawiona na nowe inwestycje, czyli że jest firmą zorientowaną na rozwój.
„Poszukujemy osoby o uregulowanym stosunku do służby wojskowej", „zatrudnimy absolwenta na stanowisku..........", „poszukujemy kandydata na stanowisko.........."	Choć w języku polskim przy nazwie stanowisk zwykło się używać rodzaju męskiego (np. przedstawiciel handlowy, programista), to jednak są pewne oferty wskazujące na to, że jednoznacznie poszukiwany jest mężczyzna (tak jak w podanych przykładach) lub kobieta.
„Oferujemy pracę w młodym, dynamicznym zespole...", „do naszego zespołu poszukujemy współpracownika o ustabilizowanej sytuacji życiowej"	W tym przypadku kandydatowi sugeruje się w zawoalowanej formie, jaki wiek byłby preferowany na tym stanowisku.

W trakcie poszukiwania pracy naprawdę warto zadać sobie trochę trudu, by wnikliwiej przeanalizować treść ogłoszenia. Z jednej strony po to, by upewnić się, czy faktycznie jesteśmy zainteresowani tą ofertą, z drugiej, by jak najbardziej dopasować swoją ofertę do oczekiwań pracodawcy. Pamiętajmy, że naszym celem jest tak przygotować dokumenty aplikacyjne, by po zapoznaniu się z nimi pracodawca zaprosił nas na rozmowę kwalifikacyjną.

Stanowisko pracy, co się za tym kryje?

Każda firma ma stosownie do swoich potrzeb i specyfiki działalności opracowane opisy stanowisk pracy dla każdego pracownika. W związku z tym może się zdarzyć, że osoby wykonujące podobne czynności i mające niemal te same zakresy odpowiedzialności będą pracowały na stanowiskach, które tylko dlatego odmiennie się nazywają, że są pracownikami innych firm. Co to oznacza dla kandydata przygotowującego swoje dokumenty aplikacyjne? Przede wszystkim tyle, żeby odpowiadając na ofertę pracy, nie sugerować się jedynie nazwą stanowiska. Najwięcej przykładów dostarczają nam firmy o profilu handlowym. Na przykład takie nazwy, jak:

- przedstawiciel handlowy,
- *sales representative*,
- przedstawiciel medyczny,
- inżynier ds. sprzedaży,
- promotor sprzedaży,
- doradca handlowy,
- doradca ds. sprzedaży,
- konsultant sprzedaży,

w gruncie rzeczy znaczą dokładnie to samo. Osoby te w strukturze działów sprzedaży znajdują się na dole hierarchii. Odpowiadają przede wszystkim za sprzedaż, rozumianą jako realizacja określonych budżetów, za nawiązywanie i utrzymywanie kontaktów z klientami. To co może ich różnić, to oferowany zakres produktów lub usług. W przypadku przedstawiciela medycznego będą to produkty z sektora farmaceutyków, a inżyniera ds. sprzedaży np. narzędzia do obróbki skrawaniem. Oczywiście wobec pierwszego z kandydatów może być bardziej pożądana wiedza z zakresu medycyny czy biotechnologii, a wobec drugiego bardziej wykształcenie techniczne.

Bywa też i tak, że za tą samą nazwą stanowiska w różnych firmach kryją się odmienne czynności. Może być więc ona myląca dla kandydata.

Stanowisko pracy to coś więcej niż sama nazwa. Ponieważ opis stanowiska stanowi dla pracodawcy bazę w formułowaniu ogłoszenia o pracę, zasadne wydaje się przytoczenie jego elementów składowych. Powinno to pomóc kandydatom w rozważaniu oferty pod kątem możliwości funkcjonowania w strukturach firmy.

Elementy składowe standardowego opisu stanowiska pracy to:

- jego nazwa,
- cel powołania stanowiska,
- podległość w strukturze firmy (kto jest bezpośrednim przełożonym i ewentualnie kto pracownikowi podlega),
- zakres obowiązków i odpowiedzialności,
- pożądane wykształcenie, kwalifikacje, uprawnienia,
- preferowane kursy i umiejętności,
- cechy interpersonalne, osobowościowe.

Przykładowy i bardzo uproszczony opis stanowiska mógłby wyglądać następująco:

Nazwa stanowiska: *SPECJALISTA ds. REKRUTACJI*
Stanowisko przełożonego: *DYREKTOR PERSONALNY*
Cel powołania stanowiska: *wspomaganie funkcji Działu Personalnego w obszarze:* *- rekrutacji i selekcji pracowników (wewnętrznych i zewnętrznych),* *- kreowania narzędzi do przeprowadzania tych działań,* *- realizacji zadań związanych z poprawą komunikacji wewnątrz firmy.*
Zakres obowiązków: *- przeprowadzanie procesów selekcji i rekrutacji kandydatów do poszczególnych działów firmy,* *- prowadzenie stosownej dokumentacji,* *- sporządzanie analiz i sprawozdań na potrzeby działu,* *- współpraca z firmami doradztwa personalnego, biurami karier,* *- koordynacja formalności związanych z zatrudnieniem pracownika,* *- przygotowywanie i wydawanie gazetki wewnątrzfirmowej.*

WYMAGANE DOŚWIADCZENIE/KWALIFIKACJE	
Obowiązkowe: - *wykształcenie wyższe (psychologia, socjologia, zarządzanie zasobami ludzkimi),* - *znajomość technik doboru personelu,* - *doświadczenie zawodowe na podobnym stanowisku lub w firmie konsultingowej (2 lata),* - *znajomość języka angielskiego,* - *znajomość obsługi programów komputerowych.*	**Preferowane:** - *znajomość prawa pracy,* - *studia podyplomowe z zarządzania personelem,* - *kurs z zakresu mediacji,* - *znajomość branży,* - *język niemiecki,* - *prawo jazdy.*
CECHY OSOBOWOŚCIOWE/UMIEJĘTNOŚCI: - *komunikatywność i umiejętność łagodzenia konfliktów,* - *otwartość i życzliwość wobec ludzi,* - *samodzielność i umiejętność organizacji czasu pracy,* - *wytrwałość i nastawienie na pogłębianie wiedzy,* - *motywacja i zaangażowanie w pracę,* - *analityczne myślenie,* - *umiejętność dokonywania prezentacji,* - *komunikacja pisemna.*	

Oczywiście w opisie stanowiska pracy powinny znaleźć się także informacje na temat czasu i miejsca pracy, sposobu wynagradzania, możliwości rozwoju, ale z punktu widzenia osoby przygotowującej dokumenty aplikacyjne są one mniej istotne.

Opis stanowiska pracy zawiera zawsze umiejętności i kompetencje bezwzględnie wymagane przez pracodawcę od kandydata oraz preferowane, czyli takie, które stanowią przewagę kandydata w odniesieniu do jego konkurentów, ale ich posiadanie nie jest koniecznym warunkiem do objęcia stanowiska.

UWAGA!

Czego może oczekiwać pracodawca na typowych stanowiskach pracy?

Mając na uwadze wszystkie powyższe zastrzeżenia, zwłaszcza te związane z:
- nazwą stanowisk,
- specyfiką profilu działalności firm,
- specyfiką branży,
- odmiennością opisów stanowisk,

spróbujemy zaprezentować potencjalne oczekiwania pracodawców w odniesieniu do różnych stanowisk. Należy je traktować jedynie jako kierunkowskazy mogące przybliżyć nam rozumienie profilu stanowiska. Ponownie wyraźnego podkreślenia wymaga fakt, że głównym punktem odniesienia w przygotowywaniu CV i listu motywacyjnego jest ogłoszenie, w którym pracodawca sformułował swoje zasadnicze oczekiwania wobec kandydata. Poniższe opisy mają skłonić do refleksji osoby, które nie odpowiadają na oferty pracy, ale same rozsyłają swoje aplikacje, będąc zainteresowane pracą na konkretnym stanowisku. Poza tym mogą być one pomocne w weryfikacji oferty pracodawcy, budzącej nasze wątpliwości. Chodzi tutaj o sytuacje, kiedy np. pracodawca w ofercie na stanowisko asystentki prezesa umieszcza takie oczekiwanie, jak: *umiejętność myślenia strategicznego*. Wydaje się, że taką kompetencję powinien bardziej posiadać prezes niż jego asystentka.

NAZWA STANOWISKA	***Administrator sieci/Administrator systemów***
WYKSZTAŁCENIE/ KWALIFIKACJE	*wykształcenie wyższe, informatyczne, znajomość systemów Linux/Unix, znajomość serwerów MySQL, Apache, FTP na poziomie konfiguracji, znajomość budowy Firewall, doświadczenie w zakresie administracji systemami Linux, doświadczenie we wdrażaniu zabezpieczeń w sieciach LAN/WAN, znajomość zagadnień związanych z zarządzaniem sieciami LAN/WAN na poziomie zaawansowanym, znajomość urządzeń sieciowych CISCO i 3COM oraz umiejętność ich konfigurowania, znajomość języka angielskiego w stopniu umożliwiającym korzystanie z dokumentacji technicznej*

CECHY INDYWIDUALNE/ UMIEJĘTNOŚCI	*umiejętność współpracy w zespole, umiejętność pracy pod presją czasu, dyspozycyjność (konieczność interwencji w przypadku awarii systemów), kreatywność i zaangażowanie*
ZAKRES WYMAGAŃ	*administrowanie siecią LAN/WAN, systemami Linux w sieci LAN, zarządzanie zabezpieczeniami w sieci oraz podstawowe czynności administracyjne w zakresie MS Windows Server, czynności związane z budową, optymalizacją oraz utrzymaniem systemów/serwerów, rozwijanie systemów i procedur bezpieczeństwa, udział w tworzeniu planów i projektów, tworzenie i nadzór wykonania skryptów automatyzujących typowe zadania administracyjne, współpraca z zespołem programistycznym przy wdrażaniu projektów programistycznych (ustalanie wymagań i ograniczeń narzucanych przez infrastrukturę, tworzenie skryptów wspomagających/monitorujących działanie aplikacji), interweniowanie w przypadkach awarii systemów firmy*

NAZWA STANOWISKA	*Agent ubezpieczeniowy*
WYKSZTAŁCENIE/ KWALIFIKACJE	*wykształcenie minimum średnie, zaświadczenie o niekaralności, doświadczenie w aktywnej sprzedaży, atutem może być znajomość rynku ubezpieczeń*
CECHY INDYWIDUALNE/ UMIEJĘTNOŚCI	*umiejętności interpersonalne, zaangażowanie i konsekwencja w działaniu, aktywność, entuzjazm, wytrwałość w realizacji wspólnych celów, dyspozycyjność, wysoka kultura osobista, komunikatywność*
ZAKRES WYMAGAŃ	*kontakt z klientami i przedstawianie usług, pozyskiwanie klientów, sprzedaż ubezpieczeń i obsługa klientów*

NAZWA STANOWISKA	*Asystentka*
WYKSZTAŁCENIE/ KWALIFIKACJE	*wykształcenie co najmniej średnie, doświadczenie na podobnym stanowisku (w recepcji lub jako asystentka zarządu), znajomość MS Office, znajomość obsługi urządzeń biurowych, komunikatywna znajomość języka angielskiego*

CECHY INDYWIDUALNE/ UMIEJĘTNOŚCI	*wysoka kultura osobista, umiejętności interpersonalne, dyspozycyjność, dobra organizacja pracy, samodzielność, zdecydowanie, zaangażowanie, odpowiedzialność za powierzone zadania, odporność na stres, umiejętność pracy pod presją czasu, operatywność, dyskrecja*
ZAKRES WYMAGAŃ	*prowadzenie sekretariatu, nadzór nad funkcjonowaniem biura, opracowywanie raportów, analiz i prezentacji, udział w spotkaniach – przygotowywanie sprawozdań, prowadzenie kalendarza i korespondencji, kontakty z dostawcami (zaopatrzenie biura), organizacja spotkań i podróży służbowych, prowadzenie korespondencji i wybranych tłumaczeń, realizowanie samodzielnych zadań zleconych*

NAZWA STANOWISKA	***Recepcjonistka***
WYKSZTAŁCENIE/ KWALIFIKACJE	*wykształcenie minimum średnie, doświadczenie w pracy biurowej (minimum 6 miesięcy), bardzo dobra znajomość języka obcego, znajomość pakietu MS Office (w szczególności Word, Excel oraz programów pocztowych)*
CECHY INDYWIDUALNE/ UMIEJĘTNOŚCI	*umiejętność nawiązywania relacji z klientem, wysoka kultura osobista i komunikatywność, odporność na stres, umiejętność pracy pod presją czasu i otoczenia, samodzielność, zdyscyplinowanie, umiejętność zorganizowania sobie pracy*
ZAKRES WYMAGAŃ	*obsługa recepcji, obsługa centrali telefonicznej i łączenie rozmów, kontakt z klientem, witanie i opieka nad gośćmi, rozwiązywanie bieżących spraw klientów i udzielanie informacji, obsługa korespondencji wychodzącej i przychodzącej (rejestracja i dystrybucja) oraz poczty mailowej, organizacja spotkań, rezerwacje, współpraca z dostawcami i kurierami, zlecone prace biurowe*

NAZWA STANOWISKA	***Analityk finansowy***
WYKSZTAŁCENIE/ KWALIFIKACJE	*wykształcenie wyższe ekonomiczne w zakresie finansów lub pokrewne, znajomość arkuszy kalkulacyjnych i MS Office, znajomość podstaw rachunkowości finansowej i zarządczej, praktyczna wiedza z zakresu analiz finansowych, znajomość języka angielskiego*

CECHY INDYWIDUALNE/ UMIEJĘTNOŚCI	*umiejętność pracy pod presją czasu, umiejętności analityczne, umiejętności dokonywania prezentacji, samodzielność, profesjonalizm, odpowiedzialność, rzetelność, terminowość, umiejętność podejmowania decyzji, kreatywność (szukanie alternatywnych rozwiązań), umiejętność dokonywania oceny np. projektów, inwestycji*
ZAKRES WYMAGAŃ	*przygotowywanie comiesięcznych analiz i prognoz finansowych z rekomendacją konkretnych działań, przygotowywanie raportów dotyczących kosztów działalności i wyników finansowych firmy, kontakt z kadrą zarządzającą, analizowanie działalności wybranych obszarów firmy, kontrola kosztów i efektów finansowych, analiza budżetów, prowadzenie spraw związanych z obsługą umów leasingowych, kredytów, dotacji*

NAZWA STANOWISKA	***Księgowa***
WYKSZTAŁCENIE/ KWALIFIKACJE	*wykształcenie wyższe (preferowane finanse, rachunkowość), staż na podobnym stanowisku, znajomość zagadnień z zakresu rachunkowości, przepisów podatkowych, znajomość zasad sporządzania comiesięcznych i rocznych sprawozdań do US, ZUS i GUS, praktyczna i teoretyczna wiedza na temat zagadnień finansowo-księgowych (np. z zakresu podatków VAT, CIT), obycie we współpracy z instytucjami kontrolnymi, znajomość obsługi MS Office, znajomość języka obcego (najczęściej angielskiego)*
CECHY INDYWIDUALNE/ UMIEJĘTNOŚCI	*skrupulatność, odpowiedzialność w wykonywaniu powierzonych zadań, umiejętność pracy pod presją czasu, samodzielność*
ZAKRES WYMAGAŃ	*prowadzenie księgowości zgodnie z obowiązującymi przepisami prawnymi i finansowymi, sprawdzanie dokumentów pod względem poprawności ich wystawienia (np. faktury VAT), przygotowywanie danych do rejestru VAT, porządkowanie i archiwizowanie dokumentów, księgowanie dokumentów (faktury zakupu, sprzedaży, wyciągi bankowe), przygotowywanie płatności, uzgadnianie sald należności i zobowiązań*

NAZWA STANOWISKA	***Specjalista ds. kadr i płac***
WYKSZTAŁCENIE/ KWALIFIKACJE	*wykształcenie wyższe, znajomość zagadnień z zakresu prawa pracy, ubezpieczeń społecznych oraz rozliczeń podatkowych, praktyka w naliczaniu i rozliczaniu wynagrodzeń oraz wszelkich świadczeń kadrowych, doświadczenie w prowadzeniu administracji kadrowej, znajomość zasad sporządzania rozliczeń z tytułu wynagrodzeń z ZUS i US, znajomość programów księgowo-kadrowych (np. Płatnik) lub systemu kadrowo-płacowego TETA czy SAP HR, znajomość języka angielskiego*
CECHY INDYWIDUALNE/ UMIEJĘTNOŚCI	*umiejętności analityczne, wysoka kultura osobista, organizacja pracy, umiejętności interpersonalne, samodzielność, dokładność, odpowiedzialność*
ZAKRES WYMAGAŃ	*prowadzenie obsługi kadrowo-płacowej firmy, naliczanie list płac dla pracowników, rozliczanie składek ZUS i PDOF, prowadzenie administracji personalnej*

NAZWA STANOWISKA	***Przedstawiciel handlowy***
WYKSZTAŁCENIE/ KWALIFIKACJE	*wykształcenie średnie, doświadczenie w zakresie B2B, znajomość rynku lokalnego w danej branży, czynne prawo jazdy kategorii B*
CECHY INDYWIDUALNE/ UMIEJĘTNOŚCI	*komunikatywność, kreatywność i wytrwałość w realizacji celów, silna motywacja do pracy, zaangażowanie, skuteczność w działaniu, samodzielność, zorientowanie na sukces, umiejętność pracy pod presją czasu i wyniku, łatwość nawiązywania kontaktów biznesowych*
ZAKRES WYMAGAŃ	*podtrzymywanie kontaktów z obecnymi klientami, pozyskiwanie do współpracy nowych klientów, czynny udział we wdrażaniu strategii sprzedaży, udział w negocjacjach, kształtowaniu polityki cenowej, aktywna sprzedaż produktów/usług w przydzielonym obszarze, raportowanie wyników pracy, ofertowanie i zbieranie zamówień, nadzór nad terminowością dostaw i rozliczeniami z klientem, prowadzenie i aktualizacja bazy danych klientów*

NAZWA STANOWISKA	***Pracownik handlowy***
WYKSZTAŁCENIE/ KWALIFIKACJE	*wykształcenie minimum średnie, doświadczenie na stanowisku pracownika handlowego w hurtowni, salonie lub sklepie, znajomość produktów i asortymentu danej branży*
CECHY INDYWIDUALNE/ UMIEJĘTNOŚCI	*umiejętności organizacyjne i logistyczne, umiejętność pracy z komputerem i obsługi programów obrotu towarowego, umiejętność utrzymania ładu i porządku, sumienność, rzetelność, dokładność, komunikatywność*
ZAKRES WYMAGAŃ	*kompletowanie zamówień, ofertowanie i fakturowanie, zamawianie towarów u dostawców, logistyka, organizacja transportu i profesjonalna obsługa klientów, kontrola stanów magazynowych, ścisła współpraca z przedstawicielem handlowym*

NAZWA STANOWISKA	***Doradca klienta***
WYKSZTAŁCENIE/ KWALIFIKACJE	*wykształcenie średnie lub zawodowe profilowane, znajomość asortymentu z branży, doświadczenie w sprzedaży*
CECHY INDYWIDUALNE/ UMIEJĘTNOŚCI	*umiejętność nawiązywania relacji z klientem, nastawienie na realizację potrzeb klienta, otwartość i komunikatywność, rzetelność, gotowość do podnoszenia kwalifikacji i wiedzy w zakresie oferowanego asortymentu*
ZAKRES WYMAGAŃ	*kontakt z klientem i badanie jego potrzeb, sprzedaż asortymentu i doradztwo techniczne*

NAZWA STANOWISKA	***Magazynier***
WYKSZTAŁCENIE/ KWALIFIKACJE	*wykształcenie średnie lub zawodowe profilowane, znajomość asortymentu, doświadczenie w pracy w magazynie*
CECHY INDYWIDUALNE/ UMIEJĘTNOŚCI	*umiejętność nawiązywania relacji z klientem, nastawienie na realizację potrzeb klienta, otwartość, sumienność, punktualność, terminowość*
ZAKRES WYMAGAŃ	*przyjmowanie – wydawanie towaru, zarządzanie gospodarką magazynową, kontakt z klientem*

NAZWA STANOWISKA	*Inżynier technolog*
WYKSZTAŁCENIE/ KWALIFIKACJE	*wykształcenie wyższe techniczne (technologia produkcji, budowa maszyn, automatyka, robotyka, zarządzanie procesami produkcji), znajomość języka angielskiego, staż pracy w produkcji masowej (np. motoryzacja), znajomość systemów zapewnienia jakości (np. ISO 9000, ISO/TS 16949, QS 9000), znajomość procesu FMEA i SPC, znajomość programu AutoCad, znajomość aplikacji SAP lub podobnych, wiedza z zakresu technologii obróbki metali, tworzyw sztucznych lub drewna*
CECHY INDYWIDUALNE/ UMIEJĘTNOŚCI	*umiejętność pracy w zespole, zdolności analityczne, dokładność i sumienność, umiejętność organizacji pracy, komunikatywność, kreatywność, wnikliwość*
ZAKRES WYMAGAŃ	*rozwiązywanie problemów technologicznych, definiowanie procesu produkcyjnego oraz tworzenie dokumentacji technologicznej, w tym instrukcji stanowiskowych, instrukcji obsługi urządzeń, prowadzenie szkoleń dla operatorów, tworzenie specyfikacji maszyn i urządzeń, koordynowanie odbiorów i dopuszczeń do użytkowania, koordynowanie i prowadzenie PFMEA dla podległego procesu, projektowanie oprzyrządowania stanowisk pracy, projektowanie oraz wdrażanie nowych wyrobów do produkcji, kontrola zgodności realizowanego zlecenia z założonym budżetem, składanie zamówień i negocjowanie cen z dostawcami, nadzór przebiegu procesów produkcyjnych, analiza wyników jakościowych, optymalizowanie zdolności produkcyjnych linii, usprawnianie metod kontroli procesu*

NAZWA STANOWISKA	*Inżynier mechanik/automatyk*
WYKSZTAŁCENIE/ KWALIFIKACJE	*wykształcenie wyższe techniczne (z ukierunkowaniem na automatykę, mechanikę, technologię budowy maszyn), doświadczenie w dziale utrzymania ruchu, produkcji lub technologii, doświadczenie w montażu i uruchamianiu linii produkcyjnych, znajomość sterowników, bardzo dobra wiedza techniczna*

CECHY INDYWIDUALNE/ UMIEJĘTNOŚCI	*umiejętność diagnozowania i rozwiązywania problemów technicznych, otwartość na zmiany, umiejętność współpracy w zespole, odpowiedzialność, rzetelność, otwartość na pogłębianie wiedzy*
ZAKRES WYMAGAŃ	*kontrola i utrzymanie układów automatyki i sterowania maszyn, kontrola i korygowanie działania układów zabezpieczeń maszyn i narzędzi, nadzór nad programami sterowania maszyn, prowadzenie projektów modernizacji i dostosowania maszyn, czynny udział w codziennych pracach działu utrzymania ruchu, kontrola kosztów, redukcja poważnych uszkodzeń maszyn, nadzór nad wskaźnikami osiągnięć utrzymania ruchu, zamawianie oraz zarządzanie częściami zapasowymi*

NAZWA STANOWISKA	***Operator***
WYKSZTAŁCENIE/ KWALIFIKACJE	*wykształcenie średnie techniczne, doświadczenie w obsłudze maszyn CNC (sterowanych numerycznie), umiejętność czytania rysunku technicznego*
CECHY INDYWIDUALNE/ UMIEJĘTNOŚCI	*samodzielność, punktualność, zdyscyplinowanie, odpowiedzialność, spostrzegawczość, odporność na rutynę, zdolności manualne, dobry wzrok, brak wad kręgosłupa*
ZAKRES WYMAGAŃ	*obsługa frezarek, giętarek, wytłaczarek, montaż i obsługa urządzeń zgodnie z rysunkiem technicznym, przeprowadzanie kontroli rozmiarów, prowadzenie raportów pomiarów*

NAZWA STANOWISKA	***Specjalista ds. marketingu***
WYKSZTAŁCENIE/ KWALIFIKACJE	*wykształcenie ekonomiczne (preferowany kierunek marketing), znajomość rynku reklamowego oraz różnorodnych narzędzi marketingowych (np. w obszarze badania rynku, rozpoznawania potrzeb klienta, satysfakcji), umiejętność budowania strategii i planów marketingowych, znajomość metodyki prowadzenia projektów, znajomość środowiska MS Office, znajomość języka angielskiego, doświadczenie w samodzielnym prowadzeniu projektów*

CECHY INDYWIDUALNE/ UMIEJĘTNOŚCI	*elastyczność, zdolności interpersonalne, kreatywność, nastawienie na rozwiązywanie problemów, dyspozycyjność, umiejętność organizacji czasu pracy, umiejętność szybkiego uczenia się, umiejętność pracy w zespole, inicjatywa, skuteczność*
ZAKRES WYMAGAŃ	*ustalanie polityki sprzedaży i promocji produktów/usług firmy, koordynacja i monitoring działań podejmowanych w ramach akcji promocyjnych, działania w zakresie tworzenia materiałów informacyjno-promocyjnych, organizacja spotkań i szkoleń dla klientów, obsługa strony internetowej, kontrola powierzonego budżetu i efektywne zarządzanie wydatkami na realizację wyznaczonych celów marketingowych, ścisła współpraca z innymi działami w firmie*

NAZWA STANOWISKA	***Specjalista ds. Public Relations***
WYKSZTAŁCENIE/ KWALIFIKACJE	*wykształcenie wyższe, wiedza z zakresu media relations i organizacji projektów PR, doświadczenie w kontaktach z dużymi mediami, dobra znajomość jednego języka obcego*
CECHY INDYWIDUALNE/ UMIEJĘTNOŚCI	*umiejętność tworzenia i redagowania materiałów prasowych, umiejętność prowadzenia prezentacji przed grupą, umiejętność pracy w zespole i dobra organizacja pracy, komunikatywność, duża kreatywność*
ZAKRES WYMAGAŃ	*reprezentowanie firmy w kontaktach zewnętrznych, tworzenie media-planu, przekazywanie wizerunku firmy w mediach, utrzymywanie stałych kontaktów z prasą, redagowanie i rozsyłanie komunikatów prasowych i broszur firmowych, tłumaczenie i adaptacja informacji, opracowywanie biuletynu firmowego – Newslettera, organizacja programów informacyjnych i konferencji prasowych, redagowanie aktualności i sekcji prasowej na stronach www, monitoring prasowy*

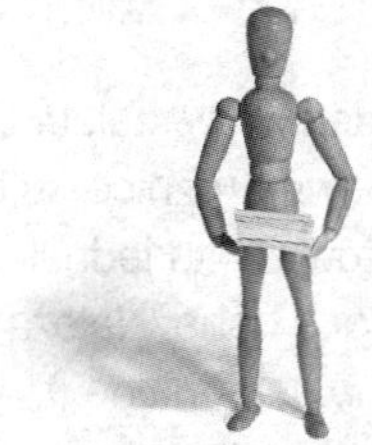

Co warto wiedzieć o CV

Rozdział 4

Pisząc CV, należy zadbać o zachowanie następujących kryteriów formalnych:

- syntetycznej i przejrzystej formy,
- konsekwencji w prezentowaniu informacji, zgodnie z wybranym formatem,
- jasności i spójności wypowiedzi.

Powszechnie przyjmuje się, że CV nie powinno przekraczać dwóch stron formatu A4 i bezwzględnie powinno być napisane na komputerze. Odręcznie napisane CV nawet przy zachowaniu wszelkich aspektów formalnych i merytorycznych nie jest w dobrym tonie. Wyjątek może stanowić CV francuskie, gdyż tu w procesie rekrutacyjnym ocena grafologiczna zajmuje ważne miejsce.

Ogólna zasada co do długości CV jest następująca:

- CV absolwenta oraz osoby z krótkim doświadczeniem zawodowym powinno zmieścić się na jednej stronie,
- CV kandydata z dłuższym stażem pracy, mającego doświadczenia zawodowe w obrębie kilku firm lub na różnych stanowiskach spójnych z ofertą pracy, na którą odpowiada, powinno być zawarte na dwóch stronach,
- CV trzystronicowe jest dopuszczalne dla kandydata mającego dłuższą listę osiągnięć i dokonań lub kwalifikacji odpowiednich do oferowanego stanowiska.

Kolejną istotną kwestią jest wiedza na temat prezentacji zainteresowań, cech osobowości i stanu cywilnego. W praktyce odchodzi się od podawania tych informacji jako niewiele wnoszących. Nie ma potrzeby wymieniania bez pokrycia cech osobowości, a o zainteresowaniach warto napisać, jeśli naprawdę mamy jakąś pasję.

Dane, które muszą się znaleźć w CV

Podstawową zaletą CV jest jego standardowość. Oznacza to, że choć mogą istnieć pewne różnice kulturowe np. co do kolejności prezentowanych informacji czy formatów CV, to jednak we wszystkich życiorysach obligatoryjnie muszą się pojawić określone dane. Należą do nich:

- dane personalne (tj. imię i nazwisko),
- dane kontaktowe,
- informacje o wykształceniu i innych kwalifikacjach merytorycznych (np. ukończonych kursach),
- obecnie zajmowane stanowisko wraz z zakresem podstawowych czynności,
- poprzednio zajmowane stanowisko,
- umiejętności dodatkowe (np. znajomość języków obcych).

Jeszcze dzisiaj na rynku polskim można spotkać się z niepoprawną, przestarzałą formą zawierającą dość wyczerpujące, ale niewiele wnoszące informacje personalne. Dodatkowo są one pisane całymi zdaniami.

Przykład

Ja, Zbigniew Iksiński, syn Kazimierza i Zofii, mam 38 lat, jestem żonaty, dorobiłem się trójki dzieci lat (13, 10, 6)… albo

Rok temu po raz drugi zostałam zachwyconą mamą bliźniaków, co dodatkowo przemawia za tym, że jestem osobą niebagatelną. Nie każda kobieta staje się dwukrotnie mamą bliźniaków i radzi sobie z tym tak świetnie jak ja.

Pamiętajmy, że współczesne CV ma formę blokową i nie jest życiorysem pisanym jak szkolne wypracowanie.

Rodzaje CV

Nie ma jednego obowiązującego schematu CV. Kolejność prezentowania opisanych powyżej informacji będzie odmienna w zależności od wybranego formatu życiorysu. Decyzję tę podejmujemy, kierując się naszym celem i doświadczeniami zawodowymi, jakimi dysponujemy. W związku z tym możemy wyróżnić następujące rodzaje CV:

- CV chronologiczne,
- CV funkcjonalne,
- *Skill CV*,
- *Success CV*,
- CV europejskie.

Oczywiście pojęcie „schemat" odnosi się do elementów, z jakich musi się składać określony rodzaj CV. Warto jednak mieć na uwadze, że graficzna prezentacja tych elementów może być ujmowana w różny sposób. Nie ma też bezwzględnego wymogu stosowania nagłówka zatytułowanego *Curriculum Vitae*. Precyzyjniej uwidocznią to podane przykłady przy każdym rodzaju życiorysu.

CV CHRONOLOGICZNE

Stanowi najpopularniejszą i najbardziej preferowaną formę CV. Jak wskazuje nazwa, jego cechą charakterystyczną jest ujęcie faktów zawodowych w chronologicznym porządku. W związku z tym zarówno doświadczenie zawodowe, jak i przebieg wykształcenia zobowiązani jesteśmy przedstawić jako ciąg wynikających z siebie faktów. Taka forma prezentacji ułatwia osobie czytającej CV szybką orientację w jakości i tempie rozwoju ścieżki zawodowej kandydata oraz ocenę jego kwalifikacji w aspekcie stanowiska pracy. Ponadto ogólna zasada jest taka, że kandydat posiadający doświadczenie zawodowe powinien, po danych personalnych, zacząć od jego prezentacji, a następnie podać swoje wykształcenie. Wyjątek może stanowić jedynie sytuacja, gdy wykształcenie stanowi niezmiernie istotny atut kandydata w kontekście oferty pracy.

Natomiast w CV absolwenta kolejność powinna być odwrotna. Przede wszystkim musi on akcentować wykształcenie i swoją wiedzę. Dlatego informacje na temat odbytej edukacji powinny się znaleźć tuż po danych personalnych.

W CV chronologicznym okresy zatrudnienia przedstawiamy w porządku odwrotnym, czyli zaczynamy od obecnego miejsca pracy, a następnie piszemy o poprzednich pracodawcach. Zasada ta odnosi się także do wykształcenia, które prezentujemy od najwyższego poziomu, ostatnio uzyskanego.

UWAGA!

Schemat CV chronologicznego wygląda następująco:

1. **Dane personalne**

tutaj umieszczamy: imię i nazwisko,
datę i miejsce urodzenia,
dokładny adres, pod jakim przebywamy,
numer telefonu kontaktowego,
adres mailowy

2. **Wykształcenie**

tutaj umieszczamy: *uczelnie wyższe:*
datę rozpoczęcia i ukończenia uczelni,
nazwę uczelni, miasto, wydział, kierunek/specjalizacja
tytuł pracy dyplomowej/magisterskiej,
nagrody, stypendia, wyróżnienia

szkoły policealne, średnie lub zawodowe
datę rozpoczęcia i ukończenia szkoły,
nazwę szkoły, rodzaj szkoły (studium, technikum, liceum),
profil, specjalność

3. **Doświadczenia zawodowe**

tutaj umieszczamy: *dane o obecnym miejscu pracy*
dokładną datę rozpoczęcia obecnej pracy
(tj. dzień, miesiąc, rok),
dokładną nazwę obecnego pracodawcy wraz
ze statusem prawnym firmy,
branżę,
nazwę stanowiska, na którym pracujemy,
zakres głównych obowiązków
(można podać osiągnięcia, ale skrótowo)

dane o poprzednich miejscach pracy
dokładną datę rozpoczęcia i zakończenia pracy,
dokładną nazwę poprzedniego pracodawcy,
nazwę stanowiska,
zakres głównych obowiązków
(można podać osiągnięcia, ale skrótowo)

4. **Dodatkowe kwalifikacje**

tutaj umieszczamy: *informacje o odbytych kursach i szkoleniach*
datę i nazwę kursu/szkolenia,
podmiot prawny, który go organizował

informacje o odbytych praktykach/stażach
datę i miejsce odbywania praktyki/stażu

5. **Dodatkowe umiejętności**

tutaj umieszczamy: nazwę języków obcych oraz poziom ich znajomości,
znajomość obsługi komputera,
posiadanie prawa jazdy itp.

6. **Klauzula o zgodzie na przetwarzanie danych personalnych**

Wyrażam zgodę na przetwarzanie moich danych osobowych zawartych w mojej ofercie pracy dla potrzeb niezbędnych do realizacji procesu rekrutacji, zgodnie z ustawą z dnia 29.08.1997 r. o ochronie danych osobowych (tekst jedn. Dz. U. z 2002 r. Nr 101, poz. 926 ze zm.).

Przykład CV chronologicznego dla osoby z doświadczeniem zawodowym

CURRICULUM VITAE

Dane personalne:

Imię i nazwisko:	**Aleksandra Lipnicka**
Data i miejsce urodzenia:	15.09.1976 r., Kraków
Adres zamieszkania:	ul. Kwiatowa 3a, 41-502 Wielisław
Dane kontaktowe:	tel. 555 333 444, al@gazeta.pl

Doświadczenie zawodowe:

23.04.2004 r. – nadal	ABD sp. z o.o. firma produkcyjno-handlowa w branży artykułów gospodarstwa domowego **Specjalista ds. promocji i marketingu** (organizowanie i wdrażanie akcji promocyjnych dla nowych produktów, kontakty z agencjami reklamowymi, kontakty z mediami, tworzenie planów marketingowych, analiza rynku konkurencji, organizowanie stoiska firmy na targach branżowych)
13.06.1999 r. – 21.06.2004 r.	FLOREX sp. z o.o. firma handlowa w branży roślin ozdobnych **Specjalista ds. marketingu** (współtworzenie planów marketingowych, dokonywanie analiz rynku, przygotowywanie materiałów promocyjnych, opracowywanie sezonowych katalogów, kontakt z klientami, planowanie i przeprowadzanie akcji promocyjnych)

Wykształcenie:

10.2003 r. – 06.2004 r.	Podyplomowe studia z komunikacji medialnej Uniwersytet Wrocławski
10.1998 r. – 06.2003 r.	Politechnika Wrocławska Wydział: Marketing i zarządzanie

09.1994 r. – 06.1998 r.	Liceum Ogólnokształcące w Brzegu klasa z rozszerzonym językiem niemieckim

Dodatkowe kwalifikacje:

03.04.2000 r.	Kurs z zakresu tworzenia wizerunku produktu Polski Instytut Promocji
23.05.2001 r.	Szkolenie z zakresu kontaktów z mediami P&J Consulting

Dodatkowe umiejętności:

język niemiecki	biegle
język angielski	biegle
obsługa komputera:	MS Word, MS Excel, Power Point

Zainteresowania:

dekoracja wnętrz, reklama, komunikacja interpersonalna

Wyrażam zgodę na przetwarzanie moich danych osobowych zawartych w mojej ofercie pracy dla potrzeb niezbędnych do realizacji procesu rekrutacji, zgodnie z ustawą z dnia 29.08.1997 r. o ochronie danych osobowych (tekst jedn. Dz. U. z 2002 r. Nr 101, poz. 926 ze zm.).

Przykład CV chronologicznego dla absolwenta

Tomasz Nowicki

ur. 23.10.1981 r., Olkusz
ul. Dębowa 14/2, 42-481 Olkusz Dolny
tel. 555 333 444
tom.now@gazeta.pl

Cel zawodowy

Praca na stanowisku Inżyniera procesu

Podsumowanie kwalifikacji

- Szeroka teoretyczna wiedza techniczna.
- Biegła obsługa komputera: MS Windows, MS Office, MS Project, Internet, AutoCAD (Autolisp), MathCAD, Catia, Photoshop, Arcon.
- Rozwinięte umiejętności planowania i analizy, gotowość do pogłębiania wiedzy.
- Absolwent studiów wyższych – kierunek: Mechanika i budowa maszyn.
- Biegła znajomość języka angielskiego – egzamin CPE.

Wykształcenie

2001–2006 r. Politechnika Krakowska, Wydział Mechaniczno-Energetyczny
Kierunek: Mechanika i budowa maszyn
Specjalizacja: Aparatura procesowa
Studia magisterskie dzienne
Od II roku otrzymywałem stypendium naukowe

1996–2001 r. Technikum Mechaniczne w Rabce
Kierunek: Automatyzacja maszyn

1993–1996 r. Zasadnicza Szkoła Zawodowa w Rabce
Kierunek: Elektromechaniczny

Doświadczenia, kursy, umiejętności

2005 r. Miesięczna praktyka specjalizacyjna w oddziale krakowskim Automatyka S.A.

2004–2005 r. Ekonom sp. z o.o. praca na stanowisku: Doradca klienta.

1995–1998 r. Praktyka zawodowa w zakładach produkcji sprzętu AGD.

2003–2005 r. Instytut kariery, kursy: „Zarządzanie personelem", „Zarządzanie projektami", „Efektywny członek zespołu"

2004 r. Stowarzyszenie Inżynierów i Technologów, kursy: „Audit – narzędziem badania i doskonalenia systemu zarządzania jakością", Certyfikat audytora wewnętrznego systemów zarządzania jakością.

2003 r. Licencjonowany Ośrodek AutoCAD przy Instytucie Naukowym kursy: obsługi programu „AutoCAD 2002" ukończony z certyfikatem, obsługi programu do projektowania przestrzennego „CATIA"

Wyrażam zgodę na przetwarzanie moich danych osobowych zawartych w mojej ofercie pracy dla potrzeb niezbędnych do realizacji procesu rekrutacji, zgodnie z ustawą z dnia 29.08.1997 r. o ochronie danych osobowych (tekst jedn. Dz.U. z 20002 r. Nr 101, poz. 926 ze zm.).

Co prawda, dwie pierwsze sekcje nie są typowe dla CV chronologicznego, ale w przypadku absolwenta ich zastosowanie może zwiększyć zainteresowanie potencjalnego pracodawcy, przykuć jego uwagę.

CV FUNKCJONALNE

Jest to format stosowny dla kandydatów, którzy przede wszystkim chcą zaprezentować swoje umiejętności, kwalifikacje i jednocześnie posiadają w prezentowanym zakresie doświadczenia zawodowe. Informacje dotyczą pełnionych funkcji i realizowanych obowiązków. Innymi słowy w CV funkcjonalnym nie koncentrujemy się na historii wykształcenia i osiągania kolejnych etapów doświadczeń zawodowych. Jeżeli kandydat wykonywał wcześniej obowiązki podobne do oczekiwanych na oferowanym stanowisku, a nie było to ostatnie miejsce zatrudnienia, to warto wybrać CV funkcjonalne.

Niekiedy CV funkcjonalne stanowi dobre rozwiązanie dla osób, które miały niespójną ścieżkę kariery, lub dla tych, którzy zamierzają się przekwalifikować.

Pamiętajmy, że zastosowanie CV funkcjonalnego może rodzić u osoby rekrutującej podejrzenie, że kandydat chce coś ukryć w swojej historii zatrudnienia. Decydując się na użycie takiej formy CV, warto mieć tego świadomość.

Schemat CV funkcjonalnego wygląda następująco:

1. **Dane personalne**

   tutaj umieszczamy: imię i nazwisko,
   datę i miejsce urodzenia,
   dokładny adres, pod jakim przebywamy,
   numer telefonu kontaktowego,
   adres mailowy

2. **Umiejętności zawodowe**

   tutaj umieszczamy: *umiejętności zawodowe*
   ogólną nazwę umiejętności, dowody na jej posiadanie
   osiągnięcia zawodowe
   syntetyczne, konkretne przykłady dokonań zawodowych
   informacje o odbytych kursach i szkoleniach
   datę i nazwę kursu/szkolenia
   informacje o znajomości języków obcych
   inne informacje o wiedzy merytorycznej ważnej w kontekście oferty, na którą odpowiadamy

3. **Wykształcenie**

tutaj umieszczamy: *uczelnie wyższe:*
datę rozpoczęcia i ukończenia uczelni,
nazwę uczelni, miasto, wydział, kierunek/specjalizacja,
tytuł pracy dyplomowej/magisterskiej,
nagrody, stypendia, wyróżnienia

szkoły policealne, średnie lub zawodowe
datę rozpoczęcia i ukończenia szkoły,
nazwę szkoły, rodzaj szkoły (studium, technikum, liceum),
profil, specjalność

4. **Doświadczenia zawodowe**

tutaj umieszczamy: *dane o obecnym miejscu pracy*
dokładną datę rozpoczęcia obecnej pracy,
dokładną nazwę obecnego pracodawcy wraz
ze statusem prawnym firmy,
nazwę stanowiska, na którym pracujemy
dane o poprzednich miejscach pracy
dokładną datę rozpoczęcia i zakończenia pracy,
dokładną nazwę poprzedniego pracodawcy,
nazwę stanowiska

5. **Klauzula o zgodzie na przetwarzanie danych personalnych**

Wyrażam zgodę na przetwarzanie moich danych osobowych zawartych w mojej ofercie pracy dla potrzeb niezbędnych do realizacji procesu rekrutacji, zgodnie z ustawą z dnia 29.08.1997 r. o ochronie danych osobowych (tekst jedn. Dz. U. z 2002 r. Nr 101, poz. 926 ze zm.).

Przykład CV funkcjonalnego

TOMASZ ŁOWICKI

ur. 23.10.1967 r., Olkusz	ul. Dębowa 14/2 42-481 Olkusz Dolny	tel. 555 333 444 tom.now@gazeta.pl

UMIEJĘTNOŚCI ZAWODOWE:

- Sześcioletnie doświadczenie w handlu, nabyte w firmach z branży FMCG.
- Sukcesy handlowe poparte wynikami finansowymi oraz referencjami.
- Umiejętność budowania długoterminowych relacji z klientami.
- Efektywności w prowadzeniu negocjacji handlowych.
- Umiejętności interpersonalne, motywowania i angażowania podwładnych: tworzyłem od podstaw zespoły przedstawicieli handlowych w dwóch podległych mi regionach, w okresie czterech lat wskaźnik rotacji był bliski zeru, w sumie było to 16 osób.
- Umiejętności analityczne, szybkiej i trafnej oceny sytuacji: wprowadziłem na rynek nowy produkt, który miał szansę być konkurencyjny i zyskowny tylko na jednym z podległych mi obszarów, co uwzględniłem w planach sprzedaży i dzięki temu uzyskałem zysk.
- Umiejętności negocjacyjne: pozyskanie dwóch strategicznych klientów dla firmy.
- Biegła znajomość języka angielskiego i rosyjskiego.

DOŚWIADCZENIA ZAWODOWE:

01.04.2003–30.11.2005 r.	DBS sp. z o.o., branża FMCG Stanowisko: Regionalny Kierownik Sprzedaży (zatrudnienie, wdrożenie do pracy i nadzorowanie przedstawicieli handlowych, przygotowywanie comiesięcznych raportów dla zarządu, pozyskiwanie nowych klientów – w latach 2003–2004 przybyło ich 63, a obroty firmy wzrosły w drugim roku o 20%)
01.02.2001–31.03.2003 r.	ABIKS sp. z o.o., branża FMCG Stanowisko: Account Manager (kontakty handlowe z klientami, wprowadzanie nowych usług i rozwiązań)
11.01.1997–31.01.2001 r.	Firma szkoleniowa UYT Stanowisko: Szkoleniowiec (przeprowadzanie szkoleń biznesowych dla działów handlowych z branży FMCG)

WYKSZTAŁCENIE:

1990–1995 r.	Szkoła Główna Handlowa, Wydział Ekonomii i Stosunków Międzynarodowych mgr ekonomii

Wyrażam zgodę na przetwarzanie moich danych osobowych zawartych w mojej ofercie pracy dla potrzeb niezbędnych do realizacji procesu rekrutacji, zgodnie z ustawą z dnia 29.08.1997 r. o ochronie danych osobowych (tekst jedn. Dz. U. z 2002 r. Nr 101, poz. 926 ze zm.).

SKILL CV

Ten rodzaj polecany jest szczególnie kandydatom, którzy nie mają doświadczeń zawodowych lub są one bardzo krótkie, ale mają za to bardzo dobrze rozwinięte umiejętności w obszarze oczekiwanym przez pracodawcę. W związku z tym, że przebieg kariery nie należy do atutów kandydata, pisząc tego rodzaju życiorys, należy się koncentrować na opisie konkretnych umiejętności.

Schemat *Skill CV* wygląda następująco:

1. **Dane personalne**

   tutaj umieszczamy: imię i nazwisko,
   datę i miejsce urodzenia,
   dokładny adres, pod jakim przebywamy,
   numer telefonu kontaktowego,
   adres mailowy

2. **Umiejętności zawodowe**

   tutaj umieszczamy: *umiejętności zawodowe*
   ogólną nazwę umiejętności, dowody na jej posiadanie
   informacje o odbytych kursach i szkoleniach
   informacje o znajomości języków obcych
   inne informacje o wiedzy merytorycznej ważnej w kontekście oferty, na którą odpowiadamy

3. **Wykształcenie**

   tutaj umieszczamy: *uczelnie wyższe:*
   datę rozpoczęcia i ukończenia uczelni,
   nazwę uczelni, miasto, wydział, kierunek/specjalizacja,
   tytuł pracy dyplomowej/magisterskiej,
   nagrody, stypendia, wyróżnienia

   szkoły policealne, średnie lub zawodowe
   datę rozpoczęcia i ukończenia szkoły,
   nazwę szkoły, rodzaj szkoły (studium, technikum, liceum),
   profil, specjalność

4. **Doświadczenia zawodowe**

tutaj umieszczamy: *dane o obecnym miejscu pracy*

dokładną datę rozpoczęcia obecnej pracy,
dokładną nazwę obecnego pracodawcy wraz ze statusem prawnym firmy,
nazwę stanowiska, na którym pracujemy

5. **Klauzula o zgodzie na przetwarzanie danych personalnych**

Wyrażam zgodę na przetwarzanie moich danych osobowych zawartych w mojej ofercie pracy dla potrzeb niezbędnych do realizacji procesu rekrutacji, zgodnie z ustawą z dnia 29.08.1997 r. o ochronie danych osobowych (tekst jedn. Dz. U. z 2002 r. Nr 101, poz. 926 ze zm.).

Przykład *Skill CV*

ALEKSANDRA LIPNICKA

ur. 15.09.1970 r., Kraków	ul. Kwiatowa 3a 41-502 Wielisław	tel. 555 333 444 al@gazeta.pl

ATUTY

Kreatywna absolwentka studiów marketingowych o udokumentowanych osiągnięciach handlowych i potencjale organizacyjnym. Specjalistka ds. marketingu z doświadczeniem w branży B2B.

UMIEJĘTNOŚCI

Komunikacja – doświadczenie w kompleksowej obsłudze klientów, umiejętności prowadzenia negocjacji zdobyte podczas wielu praktycznych szkoleń.
Praca w zespole – umiejętności współpracy w ramach dużego, międzynarodowego zespołu, zdobyte w trakcie pracy na stanowisku Asystentki menedżera, niekonfliktowość.
Organizacja – planowanie efektywnych kampanii marketingowych i promocyjnych, organizacja wydarzeń, konferencji.
Skuteczne zarządzanie czasem – umiejętność terminowego i efektywnego organizowania czasu pracy, opartego na trafnym wyborze priorytetów.
Obsługa komputera – biegła znajomość MS Office, Excel, PowerPoint i JavaScript.
Języki obce – angielski (CAE), włoski (egzamin w Instytucie Włoskim).

WYKSZTAŁCENIE

1997–1999 r.	Wyższa Szkoła Finansów, Studia podyplomowe Kierunek: Handel międzynarodowy i zarządzanie
1990–1995 r.	Uniwersytet Jagielloński Wydział: Ekonomia stosowana Kierunek: Ekonomia i administracja, praca mgr na temat strategii marketingowych w USA (wyróżnienie Rektora UJ)

DOŚWIADCZENIA ZAWODOWE

01.01.2003 r. – nadal	**XVM Polska sp. z o.o.** Stanowisko: **Asystent menedżera** (obsługa kluczowych klientów firmy i zdobywanie kolejnych, sukcesy handlowe w tym zakresie, organizowanie kampanii marketingowych, promocyjnych, konferencji)

Wyrażam zgodę na przetwarzanie moich danych osobowych zawartych w mojej ofercie pracy dla potrzeb niezbędnych do realizacji procesu rekrutacji, zgodnie z ustawą z dnia 29.08.1997 r. o ochronie danych osobowych (tekst jedn. Dz. U. z 2002 r. Nr 101, poz. 926 ze zm.).

SUCCESS CV

Jest to rodzaj życiorysu zalecany przede wszystkim dla menedżerów, osób z długim stażem pracy, którzy osiągnęli wiele wymiernych, konkretnych sukcesów. W tym przypadku lista dokonań jest na tyle przekonująca, że miejsca pracy oraz wykształcenie stanowią jedynie element uzupełniający. Jego schemat jest bardzo zbliżony do CV funkcjonalnego, z tym że w pierwszej części należy wypisać przykłady konkretnych osiągnięć i sukcesów.

CV EUROPEJSKIE

Europejskie CV jest jednolitym wzorem, opracowanym dla krajów Unii Europejskiej. Stanowi jeden z pięciu elementów poświadczających nasze wykształcenie, kwalifikacje i umiejętności, składających się na tzw. Europass. Poza CV w jego skład wchodzą:

- tzw. paszport językowy, potwierdzający kwalifikacje, znajomość języka obcego,
- *mobility pass*, potwierdzający wykształcenie i kwalifikacje (np. kursy, praktyki, staże, stypendia) uzyskane w innym kraju europejskim w ramach wyjazdu zorganizowanego,
- suplement do dyplomu ukończenia uczelni wyższej lub innej,
- suplement stwierdzający zdobycie certyfikatów.

Starając się o pracę za granicą, należy zgromadzić wszystkie powyższe dokumenty. Poza „paszportem językowym" i życiorysem, które przygotowujemy sami, są one wydawane przez stosowne instytucje. W tym miejscu bardziej szczegółowo zostanie zaprezentowane CV.

Europejski życiorys składa się z siedmiu części:

- dane osobowe,
- preferowane miejsce zatrudnienia,
- doświadczenie zawodowe,
- wykształcenie i odbyte szkolenia,
- umiejętności i kompetencje,
- język,
- informacje dodatkowe i załączniki.

Format takiego życiorysu dla większości języków europejskich wraz z logo Europassu jest dostępny na stronie internetowej http://europass.cedefop.eu.int

Po dokonaniu wyboru języka możemy rozpocząć wypełnianie CV *online*, a następnie mamy możliwość zapisania go na dysku w dowolnym formacie (np. Word lub pdf). Podane tam wskazówki pomagają rozwiać wszelkie wątpliwości. Taki sposób tworzenia CV daje nam gwarancję konkurencyjności na rynku międzynarodowym. Stwarza okazję, by w procesie rekrutacji były brane pod uwagę głównie nasze kwalifikacje, a nie forma życiorysu. Korzystając z takiego wzoru, możemy też mieć pewność, że jego struktura nie będzie odbiegała od przyjętych standardów.

Schemat CV europejskiego, zaczerpnięty z powyżej wspomnianej strony internetowej, wygląda następująco:

europass

Europass Curriculum Vitae

Dane osobowe	Miejsce na zdjęcie. Usunąć nagłówek, jeśli nie dotyczy (patrz: *Wskazówki*)
Nazwisko(a) Imię (imiona) Adres(y) Telefon(y) Faks(y) E-mail(e)	 **Nazwisko (a) Imię (imiona)** Ulica, nr domu, kod pocztowy, miejscowość, kraj Usunąć nagłówek, jeśli nie dotyczy (patrz: instrukcje)
Obywatelstwo	Usunąć nagłówek, jeśli nie dotyczy (patrz: instrukcje)
Data urodzenia	Usunąć nagłówek, jeśli nie dotyczy (patrz: instrukcje)
Płeć	Usunąć nagłówek, jeśli nie dotyczy (patrz: instrukcje)
Preferowane miejsce zatrudnienia/ charakter pracy	Usunąć nagłówek, jeśli nie dotyczy (patrz: instrukcje)
Doświadczenie zawodowe	Usunąć nagłówek, jeśli nie dotyczy (patrz: instrukcje)
Daty Zawód lub zajmowane stanowisko Podstawowy zakres prac i obowiązków Nazwa i adres pracodawcy Typ działalności lub sektor	Opisać oddzielnie każde zajmowane stanowisko, począwszy od ostatniego. Usunąć nagłówek, jeśli nie dotyczy (patrz: *Wskazówki*)
Wykształcenie i odbyte szkolenia	
Daty Nazwa/tytuł uzyskanych kwalifikacji	Opisać oddzielnie każdy ukończony typ/rodzaj kursu/ kształcenia, począwszy od ostatniego (patrz: *Wskazówki*)

Podstawowe dziedziny kształcenia/nabyte umiejętności zawodowe

Nazwa i typ instytucji edukacyjnej/szkoleniowej

Poziom w klasyfikacji krajowej lub międzynarodowej — Usunąć nagłówek, jeśli nie dotyczy (patrz: instrukcje)

Umiejętności i kompetencje

Język(i) ojczysty(e) — Określić język ojczysty (podać inne języki ojczyste, jeśli dotyczy)

Inne języki

Samoocena umiejętności językowych

Poziom europejski*	Rozumienie				Mówienie				Pisanie	
	słuchanie		czytanie		porozumiewanie się		samodzielne wypowiadanie się			
Język										
Język										

** Europejski system opisu kształcenia językowego*

Umiejętności i kompetencje społeczne — Opisać tego rodzaju kompetencje i podać miejsce ich uzyskania. Usunąć nagłówek, jeśli nie dotyczy (patrz: instrukcje).

Umiejętności i kompetencje organizacyjne — Opisać tego rodzaju kompetencje i podać miejsce ich uzyskania. Usunąć nagłówek, jeśli nie dotyczy (patrz: instrukcje).

Umiejętności i kompetencje techniczne — Opisać tego rodzaju kompetencje i podać miejsce ich uzyskania. Usunąć nagłówek, jeśli nie dotyczy (patrz: instrukcje).

Umiejętności i kompetencje w zakresie obsługi komputera — Opisać tego rodzaju kompetencje i podać miejsce ich uzyskania. Usunąć nagłówek, jeśli nie dotyczy (patrz: instrukcje).

Umiejętności i kompetencje artystyczne — Opisać tego rodzaju kompetencje i podać miejsce ich uzyskania. Usunąć nagłówek, jeśli nie dotyczy (patrz: instrukcje).

Inne umiejętności i kompetencje — Opisać tego rodzaju kompetencje i podać miejsce ich uzyskania. Usunąć nagłówek, jeśli nie dotyczy (patrz: instrukcje).

Prawo jazdy — Podać, czy posiada się prawo jazdy; jeśli tak, to jakiej kategorii. Usunąć nagłówek, jeśli nie dotyczy (patrz: instrukcje).

Informacje dodatkowe — Podać inne informacje, które mogą być istotne, np. osoby kontaktowe, referencje itd. Usunąć nagłówek, jeśli nie dotyczy (patrz: instrukcje).

Załączniki — Wymienić wszystkie załączniki. Usunąć nagłówek, jeśli nie dotyczy (patrz: instrukcje).

Formularze aplikacyjne

Formularze aplikacyjne to forma rozbudowanej ankiety, mającej postać papierową lub elektroniczną. Stanowią swoistą postać rozszerzenia (a nawet powtórzenia) informacji zawartych w CV oraz tych pytań, na odpowiedziach na które, w kontekście prowadzonego procesu rekrutacji, pracodawcy szczególnie zależy.

Swego czasu forma papierowa była popularna głównie w firmach doradztwa personalnego. Służyła uzupełnieniu wiedzy o kandydacie, po to by jak najbardziej szczegółowe dane o nim wprowadzić do bazy. Dzięki temu przy okazji innych rekrutacji, posługując się tzw. słowami kluczami, konsultanci mogli mieć dostęp do dokumentów kandydata, którego profil odpowiadałby realizowanej ofercie rekrutacyjnej. Następnie mogli złożyć mu ofertę pracy.

Oczywiście obecnie, kiedy każdy stara się efektywnie zarządzać swoim czasem, forma elektroniczna staje się powszechniejsza. Ponadto większość poważnych firm doradczych ma swoje strony internetowe, na których bezpośrednio można wypełnić taki formularz.

Z kolei w przypadku firm poszukujących kandydatów do pracy na określone stanowiska zdarza się, że formularz aplikacyjny jest specjalnie przygotowywany przez dział personalny. Wtedy zamiast o CV i list motywacyjny kandydaci są proszeni o wypełnienie, znajdującego się na stronie korporacyjnej pracodawcy, formularza aplikacyjnego. Jest on w wersji *online* i dlatego warto się uprzednio przygotować do jego wypełnienia.

W rekrutacyjnym formularzu aplikacyjnym oprócz typowych pytań o:

- dane personalne,
- kontaktowe,
- okresy i miejsca zatrudnienia,
- znajomość języków obcych,

pojawiają się bardziej rozbudowane pytania. Wymagają one od kandydata udzielenia opierającej się na własnych doświadczeniach konkretnej, opisowej odpowiedzi. Mają diagnozować jego umiejętności, zwłaszcza te szczególnie istotne na danym stanowisku i dla danego pracodawcy.

Ponadto czasami pojawia się pytanie o nasz cel zawodowy.

Dodatkowo w tym miejscu warto zwrócić uwagę na fakt, iż zwykle formularze aplikacyjne sformułowane są w języku angielskim. Poniekąd wynika to z tego, że posługują się nimi przede wszystkim międzynarodowe koncerny. Jednocześnie taka formuła umożliwia sprawdzenie poprawności i płynności pisemnej wypowiedzi kandydata w języku angielskim.

Przykłady tego typu pytań, na które można spróbować udzielić odpowiedzi, wyglądają następująco:

PRZYKŁADY PYTAŃ Z FORMULARZY APLIKACYJNYCH

1. *Prosimy opisać dwa przykłady osiągniętych ostatnio przez Pana/Panią celów, które świadczyłyby o determinacji w realizacji zadań, będących wyzwaniami.*

2. *Prosimy, aby Pan/Pani przypomniał(-a) sobie swój problem w pracy, jaki był(-a) Pan/Pani zmuszony(-a) rozwiązać. Na czym ten problem polegał i w jaki sposób udało się go rozwiązać? Jakie podjął(-ęła) Pan/Pani w tym kierunku działania?*

3. *Prosimy o opisanie sytuacji, w której Pan/Pani musiał(-a) pokierować zespołem ludzi. Jakie były cele pracy zespołu, jak udało się je osiągnąć, co stanowiło dla Pana/Pani największą trudność?*

4. *Jak Pan/Pani wyobraża sobie początek pracy w naszej firmie?*

Zwykle liczba pytań nie przekracza czterech. Koncentrują się wokół obszarów związanych z trudnościami, problemami, które musieliśmy rozwiązać bądź to na drodze indywidualnej pracy, bądź współpracy zespołowej. Celem procedury wypełniania formularza aplikacyjnego jest usprawnienie procesu rekrutacyjnego.

Firmy świadczące usługi w pisaniu CV

Jeśli mamy obawy, że nie poradzimy sobie z napisaniem CV, to możemy zlecić to zadanie firmom specjalizującym się w tego rodzaju usługach. Funkcjonują one zarówno na rynku polskim, jak i europejskim. Zasada działania tego rodzaju firm jest prosta.

Najczęściej są to firmy działające na zasadzie usług świadczonych przez internet. W związku z tym nie ma konieczności umawiania się na bezpośrednie spotkanie z konsultantem czy doradcą. Wystarczy znaleźć na stronach internetowych odpowiednią firmę i zapoznać się z jej ofertą. Mechanizm świadczenia tego typu usług jest następujący:

- należy zarejestrować się na stronie firmy,
- wypełnić formularz zamówienia usługi,
- przesłać go wraz ze swoim CV i listem motywacyjnym,
- dokonać stosownej wpłaty i
- potwierdzić zlecenie.

Po wykonaniu tych czynności powinniśmy spodziewać się telefonu od konsultanta, który zada nam kilka pytań uzupełniających. Na tej podstawie w ciągu kilku dni zostanie przygotowane CV, a także list motywacyjny, jeśli tego też oczekiwaliśmy. Niekiedy istnieje możliwość, by dokumenty te były przetłumaczone na inny język, np. angielski.

Korzyść z tego typu usługi jest taka, że możemy być w miarę spokojni, jeśli chodzi o strukturę czy format CV. Zostaną one niewątpliwie dobrane w sposób profesjonalny i najbardziej adekwatny do sytuacji. Wątpliwości może budzić treść, która pewnie też będzie poprawna, ale nie będzie ukazywać indywidualnych cech kandydata. Specjaliści zwykle piszą według określonych schematów, używając gładkich, poprawnych, ale i stereotypowych sformułowań. Pojawia się więc obawa, czy w ten sposób rzeczywiście otrzymamy to najtrafniejsze CV. Istnieje także i takie zagrożenie, że będąc zaproszeni na rozmowę rekrutacyjną, nie będziemy potrafili uzasadnić użytych w nim zwrotów, zwłaszcza tych opisujących nasze umiejętności czy cechy interpersonalne.

Przygotowując samodzielnie CV, jesteśmy bogatsi o refleksje nad swoim funkcjonowaniem zawodowym. Sprzyja to umiejętności uzasadnienia zawartych w nim treści podczas rozmowy rekrutacyjnej.

UWAGA!

Najczęstsze błędy w CV

Aby nie narażać się na odrzucenie naszego CV, a tym samym na zbędną pracę, należy zapoznać się z poniższą listą najczęściej popełnianych błędów. Uważnie sprawdźmy, czy przygotowując swoje CV, udało się nam ich uniknąć. Jeżeli tak, to spokojnie możemy wysyłać życiorys. Jeśli nie, to natychmiast skorygujmy zauważoną niepoprawność.

Oto lista błędów, których należy się wystrzegać:

- błędy ortograficzne, stylistyczne, literówki, błędy w nazwie firmy i/lub stanowiska,
- niedokładnie podane informacje kontaktowe (np. nieaktualny numer telefonu) lub ich brak,
- niedokładne daty przy opisie okresów zatrudnienia,
- nadmierna długość CV, brak syntetycznego ujęcia danych,
- nieestetyczna, udziwniona i nieprzejrzysta forma CV,
- nieadekwatne do kontekstu stanowiska podane kwalifikacje i umiejętności,
- przepisanie z ogłoszenia celu stanowiska w ujęciu pracodawcy, a nie swojego celu zawodowego,
- skopiowanie CV, wysyłanego wcześniej do innego pracodawcy, bez usunięcia niektórych informacji lub z pozostałościami nie do końca usuniętymi,
- podawanie zbędnych informacji, nic niewnoszących, niemających nic wspólnego ze stanowiskiem, na które aplikujemy,
- dołączenie zdjęcia innego niż legitymacyjne lub zdjęcia sprzed kilku lat,
- podawanie danych związanych z doświadczeniem zawodowym w chronologicznym porządku (czyli od najstarszych),
- podawanie nieprawdziwych informacji.

Wątpliwości związane z pisaniem o faktach zawodowych

Bywa czasem tak, że nie jesteśmy pewni co do tego, jak należałoby ująć niektóre informacje. Poniżej zostaną podane najczęściej pojawiające się wątpliwości oraz sposoby, jak można sobie z nimi poradzić, czyli jak napisać w CV o:

- **dłuższej przerwie w pracy**

Przede wszystkim należy pamiętać, że przerwa w pracy to nie jest wstyd. Zwykle jest ona podyktowana okolicznościami życiowymi lub koniunkturą na rynku pracy. Pracodawcy w tej kwestii podchodzą zawsze indywidualnie do sytuacji kandydata. Ważne jest, co spowodowało tę przerwę, a także co kandydat w tym czasie robił. Może podnosił swoje kwalifikacje, może zajmował się prowadzeniem domu, może opiekował się chorym członkiem rodziny, może wyjechał na staż zagraniczny lub w celu podjęcia bardziej dochodowej pracy, ale niezgodnej z jego ścieżką kariery? Przyczyn może być wiele, zarówno tych spostrzeganych jako bardziej pozytywne (tj. akceptowane społecznie), jak i tych mniej pożądanych (np. wynikających z bezczynności, bezradności). Bez względu na ocenę tych przyczyn, nie warto ukrywać w CV przerw w pracy. Nie trzeba za to pisać o ich przyczynach. Jeśli zostaniemy zaproszeni na rozmowę kwalifikacyjną i pracodawca o to zapyta, to wtedy będzie najlepsza okazja do wyjaśnienia zaistniałego stanu rzeczy.

- **niespójnej ścieżce kariery**

Przede wszystkim unikajmy formy CV chronologicznego, bo natychmiast zniechęcimy pracodawcę do swojej kandydatury. Korzystniejsze wydaje się zastosowanie w tym przypadku *Skill CV*, które jest skierowane bardziej na uwypuklenie potencjału kandydata, lub CV funkcjonalnego. Niemniej, jeżeli potrafiliśmy się przekwalifikować i zrobiliśmy to z powodzeniem, to warto przedstawić ten fakt w kategoriach mocnych stron. Niezmiernie ważne są tutaj powody, dla których potoczyły się tak, a nie inaczej nasze losy zawodowe. Niewątpliwie trzeba będzie to umieć uzasadnić.

- **przyczynach utraty pracy**

Nie jest to istotny problem na etapie sporządzania dokumentów aplikacyjnych. Nie jesteśmy zobowiązani o tym pisać. Pamiętajmy, że konwencja CV, a także listu motywacyjnego jest oparta na pozytywnym przedstawieniu swojej kandydatury. W czasie rozmowy kwalifikacyjnej należy być przygotowanym na pytania o przyczynach zmian kolejnych miejsc zatrudnienia.

- **problemach z prawem**

Życiorys zawodowy formułujemy w języku pozytywnym. Oznacza to, że koncentrujemy się głównie na zaprezentowaniu swoich mocnych stron. Dlatego nie warto pisać o wykroczeniach typu mandat. Z kolei sprawy karne i np. wyrok nie są wystarczającym powodem, aby pracodawca odmówił zatrudnienia, choć na pewno stanowią czynnik obniżający naszą konkurencyjność. Jednocześnie należy mieć świadomość, że jest pewna grupa stanowisk, zwłaszcza w sektorze państwowym, na których wymagane jest poświadczenie o niekaralności. Jeżeli wiemy o takiej sytuacji, a mamy na swoim koncie jakiś wyrok, który nie uległ zatarciu, to po prostu nie wysyłajmy swojej oferty. Niektóre instytucje nie wymagają poświadczenia o niekaralności, ale do wykonywania w ich ramach pracy na określonych stanowiskach niezbędne jest posiadanie „Poświadczenia bezpieczeństwa". Wiąże się ono z uprawnieniami dostępu do tzw. informacji niejawnych o określonej klauzuli tajności. W takich sytuacjach przeprowadzane jest odpowiednie postępowanie sprawdzające, w czasie którego weryfikuje się także niekaralność kandydata. I tutaj znowu, mając wiedzę o tego typu procedurze i o swojej przeszłości, lepiej zrezygnujmy. Jest jeszcze trzeci typ sytuacji, kiedy warto zrezygnować z ubiegania się o stanowisko związane z dotychczasową ścieżką kariery. Wiąże się on z faktem dokonania nadużyć w ramach swoich uprawnień zawodowych, np. w dziedzinie finansów czy księgowości.

Sprawy związane z karalnością powinny jednak być rozpatrywane bardzo indywidualnie przez pracodawców.

- **zbyt wysokich kwalifikacjach**

Jest to problem związany przede wszystkim z popytem i podażą na rynku pracy. Zdarza się, że osoba o wysokich kwalifikacjach, pozostająca dłużej bez zatrudnienia, zdecydowała się kandydować na stanowisko o niższych wymaganiach. Zdarza się to najczęściej wtedy, gdy na rynku jest wysoki odsetek kandydatów danej profesji. Pracodawcy są wtedy zainteresowani zatrudnieniem równie dobrego kandydata, ale być może z krótszym doświadczeniem zawodowym lub mniejszą liczbą ukończonych kursów. Decyduje tutaj oczywiście aspekt ekonomiczny. Kandydat o wyższych kwalifikacjach może sobie pozwolić na nieujawnienie wszystkich kwalifikacji. Warto zastanowić się, które informacje chcemy pominąć (oprócz tych głównych). Jednocześnie, gdyby te kwalifikacje nadal były zbyt wysokie, należy skoncentrować się na uzasadnieniu, dlaczego stanowią one atut w kontekście stanowiska, na które aplikujemy.

- **niższym od oczekiwanego wykształceniu**

W takich przypadkach zalecane jest posługiwanie się CV funkcjonalnym. Akcentujemy przede wszystkim swoje doświadczenia zawodowe, osiągnięcia, umiejętności i kompetencje - naturalnie te, które są istotne i zgodne z ofertą pracodawcy. Czasem praktyczne doświadczenie jest o wiele cenniejsze dla niego niż wykształcenie. Nie należy jednak zapominać o podaniu swojego rzeczywistego poziomu wykształcenia, ale nie eksponujemy go na pierwszym planie.

- **zbyt krótkim doświadczeniu zawodowym**

Ten problem dotyczy przede wszystkim studentów lub osób długotrwale bezrobotnych, zainteresowanych odpowiedzią na ofertę pracodawcy oczekującego doświadczenia zawodowego. Zaleca się, aby odpowiadać jedynie na te oferty, w których jest mowa o niedługim okresie doświadczeń zawodowych (ok. 2 lat). Warto wtedy zaakcentować swoje umiejętności i predyspozycje osobowościowe. Powinny one odnosić się do takich aspektów, jak: duże zaangażowanie, rzetelność, zdolność do szybkiego uczenia się. Zaprezentujmy też swoje osiągnięcia w obszarach aktywności pozazawodowej, które byłyby adekwatnym argumentem w kontekście oferty pracy.

- **młodym wieku**

Zwykle wiek jest drugorzędnym czynnikiem rozpatrywanym przez pracodawców. Priorytetowe jest wykształcenie i doświadczenie zawodowe. Oczywiste jest, że absolwent ze względu na swój wiek najczęściej nie posiada doświadczeń zawodowych. Powinien wtedy wyeksponować swoją wiedzę i umiejętności. Są jednak absolwenci, którzy rozpoczęli pracę zawodową w okresie studiów i pomimo młodego wieku mogą pochwalić się doświadczeniami zawodowymi. Na pewno będzie to odczytywane przez pracodawców w kategoriach atutu. Pamiętajmy jednak, że są zawody, w których wiek podnosi wiarygodność osoby je wykonującej. W swoim myśleniu mamy skłonność do upraszczania pewnych zjawisk. Dlatego w niektórych przypadkach myślimy, że im starsza osoba, tym bardziej doświadczona, a w związku z tym kompetentna. Odnosi się to między innymi do doradców finansowych, ekonomicznych czy też konsultantów w ściśle specjalistycznych zagadnieniach, a także do stanowisk kierowniczych. Wydaje się, że warto wtedy zrezygnować z aplikowania na takie stanowisko, chyba że nasze doświadczenia czy osiągnięcia zawodowe będą szczególne.

- **podejmowanym dorywczo zatrudnieniu**

Dla potencjalnego pracodawcy ważne są przede wszystkim doświadczenia i umiejętności zawodowe kandydata. Są one o wiele bardziej istotne niż forma prawna zatrudnienia. Dlatego jeżeli w swoim doświadczeniu zawodowym mamy tego typu okresy, to skoncentrujmy się głównie na uwypukleniu w CV, w jakim zakresie przyczyniły się one do poszerzenia naszych kompetencji. W trakcie rozmowy kwalifikacyjnej powinien być czas na ewentualne doprecyzowanie zaistniałej sytuacji.

List motywacyjny

Rozdział 5

W najprostszym ujęciu list motywacyjny stanowi odpowiedź na pytanie: dlaczego to właśnie nasza kandydatura jest najbardziej odpowiednia na oferowane przez pracodawcę stanowisko. List motywacyjny nie jest prośbą ani podaniem o pracę. Jest listą argumentów, z powodu których pracodawca powinien zatrudnić kandydata. Naszą pozytywną autoprezentacją. Pracodawca poszukuje w nim odpowiedzi na następujące pytania:

- dlaczego kandydata zainteresowała właśnie jego oferta?
- co motywuje go do pracy w tej firmie?
- jakie ma atuty w kontekście wymogów stanowiska?

Zdarza się, że osoba prowadząca rekrutację rozpoczyna lekturę dokumentów aplikacyjnych od listu motywacyjnego. Jeżeli będzie on wystarczająco ciekawy i rzeczowy, to wtedy istnieje szansa, że zacznie ona czytać CV. Czytając listy motywacyjne, zwraca także uwagę na styl formułowania wypowiedzi, używane słownictwo. Ma to szczególne znaczenie w przypadku stanowisk, kiedy to pisemna forma wypowiedzi stanowi istotną część obowiązków. Ponadto daje orientację pracodawcy, w jakim stopniu kandydatowi znane jest branżowe słownictwo.

Do tej pory najpopularniejszą formą listu motywacyjnego była postać papierowa. Ze względu jednak na duże tempo pracy, silną presję czasu, coraz częściej odchodzi się od wysyłania dokumentów aplikacyjnych tradycyjną pocztą. Częściej dokonujemy tego w formie elektronicznej.

Piszemy list motywacyjny

List motywacyjny powinien być zwięzły, treściwy i przekonujący. Napisany konkretnym i poprawnym stylistycznie językiem. Nie powinien przekroczyć jednej strony formatu A4. Podobnie jak w przypadku CV liczy się estetyka i prostota. Niedopuszczalne są formy graficznych udziwnień. Dobieramy standardową czcionkę, nie mniejszą niż 10 pkt, np. Times New Roman, Arial lub Bookman Old Style. Wskazane jest, by korespondowała ona z czcionką zastosowaną w CV. Odstęp między wierszami powinien być ustawiony na 1,5.

Wyjątek może stanowić sytuacja, kiedy ubiegamy się o stanowisko, na którym pomysłowość i kreatywność są cechami niezmiernie pożądanymi przez pracodawcę. Wtedy możemy sobie pozwolić na pewną swobodę twórczą. Odnosi się to przede wszystkim do zawodów związanych z branżą reklamy, promocji.

List motywacyjny ma być bezpośrednią odpowiedzią na kryteria, jakie wyszczególnił pracodawca w swojej ofercie pracy. Oznacza to, że nasze umiejętności, dokonania opisujemy wyłącznie w kontekście oczekiwań pracodawcy. Nie powtarzamy w nim informacji z CV, możemy je rozwinąć, jeśli są zgodne z wymogami stanowiska.

UWAGA!

W związku z powyższym nie możemy stworzyć jednej uniwersalnej formy listu motywacyjnego i rozsyłać go do różnych pracodawców. Pamiętajmy, że nawet jeśli nazwa stanowiska jest identyczna, to specyfika pracodawcy jest inna. Fakt ten stanowi jeden z powodów, dla których za każdym razem powinniśmy dokonać modyfikacji treści listu motywacyjnego. Może też się zdarzyć, że pewne elementy będą wspólne.

Pisząc list motywacyjny, należy przestrzegać następujących zasad:

- Jeśli to możliwe, adresujmy go bezpośrednio do osoby odpowiedzialnej za proces rekrutacji [jeśli nie znamy jej z imienia i nazwiska, wystarczy sformułowanie np. Szanowny(-a) Pan/Pani i dalej nazwa i adres firmy], unikajmy sformułowań typu: „**Do wszystkich zainteresowanych**" albo „**Dział Personalny**". Kierując się bezpośrednio do oferenta, zwiększamy jego poczucie odpowiedzialności za rekrutację. Jeżeli już musimy adresować do „działu personalnego", to sprawdźmy, jak dokładnie brzmi jego nazwa.
- Stosujmy zwroty grzecznościowe typu: „z poważaniem", „proszę", „dziękuję".
- Nie nadużywajmy zaimka „ja".

- Pamiętajmy o umieszczeniu w nagłówku numeru referencyjnego ogłoszenia, na które odpowiadamy, oraz nazwy stanowiska.
- Podpisujmy się pod listem motywacyjnym, nawet jeśli ma on postać elektroniczną.

W przypadku niektórych zawodów właściwe jest podanie w liście odnośników do stron internetowych, na których pracodawca mógłby się zapoznać z próbkami zrealizowanych przez nas projektów. Oczywiście zasadność takiego działania należy odpowiednio wyjaśnić. Jest to uzasadniony zabieg zwłaszcza w przypadku grafików, projektantów, osób z branży reklamowej, tłumaczy.

Zanim przystąpimy do konstruowania listu motywacyjnego, postarajmy się na chwilę postawić w roli osoby go czytającej. Czego będzie poszukiwała w treści listu? Danych i konkretów! Dlatego nie piszmy, że jesteśmy energiczni, ambitni i zmotywowani. Obowiązuje tutaj, omawiana wcześniej, zasada faktów, liczb, sum, osiągnięć stanowiących konkretne argumenty.

Ponadto pamiętajmy, że celem pracodawcy jest dbałość o jak najlepsze funkcjonowanie firmy, o jej zyskowność, sprawne realizowanie planów i celów. Dlatego nie kładźmy nacisku na to, że praca w danej firmie pozwoli nam realizować własne cele zawodowe, tylko zaakcentujmy, co możemy zaoferować pracodawcy.

Pamiętajmy, że to jak zaprezentujemy się w liście motywacyjnym, decyduje o tym, czy pracodawca zaprosi nas na rozmowę rekrutacyjną. Dlatego głównym celem pisania listu motywacyjnego jest przekonanie pracodawcy, że jesteśmy kandydatem, którego warto zaprosić na spotkanie. List motywacyjny piszemy w odpowiedzi na konkretną ofertę pracy lub z własnej inicjatywy do pracodawcy, u którego chcielibyśmy znaleźć zatrudnienie.

UWAGA!

Niekiedy pierwsze etapy procesu rekrutacyjnego są realizowane przez firmy doradztwa personalnego, do których zgłasza się pracodawca poszukujący pracownika. Proces taki odbywa się wtedy bez publikacji ogłoszenia. W takim przypadku firmy doradcze korzystają z bazy danych o kandydatach. Aby znaleźć się w obszarze ich poszukiwań, należy właściwie sporządzić swoje dokumenty aplikacyjne. Uważa się, że listy kierowane do tego typu agencji w sytuacji braku konkretnych ogłoszeń o pracę należy formułować nieco inaczej.

Przede wszystkim informacje powinny koncentrować się wokół naszych oczekiwań wobec przyszłej pracy oraz odnosić się do planowanego rozwoju ścieżki kariery. Podajemy, jaka branża, jakie stanowiska są przez nas najbardziej preferowane. Tym samym zwiększamy szanse na zaprezentowanie nam oferty pracy.

Schemat listu motywacyjnego

Najlepiej podzielić strukturę listu motywacyjnego na trzy, maksymalnie cztery akapity, stanowiące:

- wstęp,
- część zasadniczą i
- zakończenie.

Z lewej strony umieszczamy swoje dane personalne, tj. imię i nazwisko, numer telefonu i adres mailowy. Nieco niżej i z prawej strony listu wpisujemy dane pracodawcy.

Na początku formułujemy cel, w jakim zwracamy się do pracodawcy, np.:

W nawiązaniu do ogłoszenia (nr ref....) z dnia ...., zamieszczonego w „Dodatku o Pracę" „Gazety Wyborczej", chciałam zgłosić swoją kandydaturę na stanowisko.........

lub

Przedstawiam Państwu swoją kandydaturę na stanowisko.............. Ofertę nr ref............ znalazłam na portalu...............

Może się tak zdarzyć, że będziemy pisali list motywacyjny do pracodawcy, którego sami zidentyfikowaliśmy, czyli bez związku z ofertą pracy. Warto wtedy na początku napisać, dlaczego właśnie ten pracodawca nas interesuje. Podkreślić, w jakim dziale firmy chcielibyśmy szczególnie podjąć zatrudnienie.

Istnieje też wariant, w którym na początku listu motywacyjnego możemy się powołać na znajomość z kimś z firmy albo na rozmowę telefoniczną.

Przykład

Katarzyna Badera, którą spotkałem podczas branżowych targów, zachęciła mnie do kontaktu z Państwa firmą.

albo:

W nawiązaniu do rozmowy telefonicznej, przeprowadzonej w dniu........... z kierownikiem Działu Kadr, Panią.............., zgłaszam swoją aplikację na stanowisko.................

Dla pracodawcy fakt zarekomendowania osoby jest bardzo istotny i z pewnością korzystny dla kandydata. Niemniej w znacznym stopniu zależy to od pozycji w firmie pracownika, który nas poleca. Dlatego wcześniej warto zasięgnąć na ten temat informacji. Pamiętajmy także, by uzyskać zgodę tej osoby na przytoczenie jej imienia i nazwiska w liście motywacyjnym.

Oprócz celu w pierwszym akapicie dokonujemy także przedstawienia własnej osoby. Należy zrobić to w sposób syntetyczny i jednocześnie przykuwający uwagę odbiorcy – tak jak mielibyśmy zareklamować się w jednym zdaniu.

Przykład

- *Jeżeli jesteście Państwo zainteresowani osobą skutecznego doradcy klienta w dziedzinie sprzedaży dachówek, to moja kandydatura powinna być interesująca.*
- *To, co predysponuje mnie do objęcia stanowiska kontrolera finansowego, to dziesięcioletnie doświadczenia zawodowe w dziedzinie finansów oraz uzyskana w ubiegłym roku licencja na badania sprawozdań finansowych.*
- *3 lata doświadczeń zawodowych w dziedzinie doradztwa personalnego, ponad 150 skutecznie zrealizowanych procesów rekrutacyjnych, w tym dla klientów międzynarodowych, praktyczna znajomość technik oceny potencjału menedżerskiego – to moje atuty.*

Następnie podajemy przykłady naszych dokonań, osiągnięć, umiejętności, co do których pracodawca sformułował oczekiwania w ogłoszeniu o pracę, czyli poruszamy tylko te aspekty naszych predyspozycji, które pozwolą nam skutecznie wykonywać obowiązki przypisane do oferowanego stanowiska. Zasadne wydaje się wybranie dwóch, maksymalnie trzech kluczowych umiejętności dla danego stanowiska. Następnie, wykorzystując przykłady z naszych doświadczeń zawodowych, opisujemy je. W tym miejscu możemy stworzyć krótką opowieść na temat jakiejś sytuacji, która zobrazowałaby osobie czytającej naszą kompetencję, wiedzę, umiejętności lub osiągnięcia.

Pamiętajmy jednak, by nie czynić tego w nadmiernie szczegółowy sposób. Mamy jedynie zainteresować pracodawcę, podając konkret. Powinniśmy stworzyć tym sposobem okazję do wyjaśnienia szczegółów w trakcie rozmowy kwalifikacyjnej.

Przydatne na tym etapie może być wykorzystanie tabeli porównującej wymagania z ogłoszenia z naszymi doświadczeniami i umiejętnościami.

Tabela porównująca wymagania podane w ofercie pracy i nasze kwalifikacje:

Wymagania pracodawcy *(tutaj wpisujemy pojedynczo każde oczekiwanie pracodawcy)*	**Moje kwalifikacje i doświadczenia zawodowe** *(tutaj opisujemy swoje kompetencje w nawiązaniu do oczekiwanych przez pracodawcę)*
1.	
2.	
3.	
4.	

Wypełniona tabelka na stanowisko asystentki mogłaby wyglądać następująco:

Wymagania pracodawcy	**Moje kwalifikacje i doświadczenia zawodowe**
Wykształcenie wyższe	– 2000 r., jestem absolwentką studiów magisterskich na Uniwersytecie Warszawskim
Minimum 2–3-letnie doświadczenie na podobnym stanowisku	– mam 4 lata doświadczenia na stanowisku sekretarki
Znajomość pakietu MS Office (Excel, Word)	– znam doskonale, posługiwałam się nimi w codziennej pracy; sporządzałam korespondencję m.in. dla naszych klientów, – prowadziłam miesięczne statystyki i analizy na temat ilości zamówień i tempa ich realizacji

Bardzo dobra znajomość języka angielskiego	– 2003 r., zdałam egzamin na poziomie CAE, – wykorzystywałam język angielski w rozmowach telefonicznych z klientami, bezpośrednich kontaktach z nimi, a także w formie pisemnej korespondencji (np. fax, maile)
Umiejętność planowania i zarządzania czasem	– odpowiadałam za bieżący monitoring dostaw artykułów biurowych do wszystkich działów firmy (było ich 7) – nigdy nie zdarzyło się, by czegokolwiek zabrakło, bo stworzyłam specjalny elektroniczny arkusz, w którym odpowiednie osoby miały wpisywać zapotrzebowanie oraz termin, do którego materiały muszą być dostarczone, – przygotowywałam materiały szkoleniowe trenerom (zwykle dla grup 15-osobowych na 2–3-dniowe szkolenia) – wydrukowanie, oprawienie, spakowanie, – planowałam terminarz spotkań klientów z naszymi konsultantami i trenerami
Samodzielność w działaniu	– w przypadku sytuacji awaryjnych samodzielnie poszukiwałam ich rozwiązań, np. kiedy firma cateringowa w ostatniej chwili poinformowała, że nie będzie w stanie z powodu awarii zrealizować zlecenia dla grupy, której szkolenie było właśnie w toku, potrafiłam tak zorganizować posiłek, że był on podany zgodnie z planem.

Po rozpisaniu swoich kwalifikacji powinniśmy się zastanowić, które z nich umieścimy w CV (np. wykształcenie), a które przedstawimy w liście motywacyjnym.

W kolejnym kroku uzasadniamy, dlaczego właśnie nasza kandydatura jest odpowiednia na dane stanowisko. Podkreślamy tutaj własną motywację, ale także pokazujemy, że mamy na uwadze korzyść, jaką odniesie pracodawca, zatrudniając nas. Poprzez podanie rzeczowych argumentów wzmacniamy komunikat, że jesteśmy najbardziej odpowiednim kandydatem, a nasz wybór tej konkretnej oferty pracy nie jest przypadkowy. Może to przyjąć następujący kształt:

Zgłaszam swoją aplikację, ponieważ działalność Państwa firmy leży w centrum moich zainteresowań. Branżę motoryzacyjną poznałem bliżej podczas trzymiesięcznych praktyk w dziale utrzymania ruchu firmy XY. Będąc u progu swojej kariery zawodowej, chciałbym związać się z firmą stwarzającą możliwości rozwoju. Wiem, że w kolejnych dwóch edycjach na „Najlepszego Pracodawcę Roku" właśnie wasza firma wygrała. Daje mi to gwarancję, że wraz z rozwojem Państwa firmy będę mógł, przyczyniając się do wzrostu efektywności produkcji, rozwinąć swój potencjał.

albo

Wykorzystując własne umiejętności projektowania, chciałbym się przyczynić do wzrostu rozpoznawalności waszych produktów.

Pamiętajmy, że nie wystarczy podanie suchych sformułowań, np.:

- motywuje mnie praca w prestiżowej firmie

  albo

- *moją motywacją są możliwości rozwoju.*

Potrzebne są tu konkrety uzasadniające naszą decyzję.

Na zakończenie listu motywacyjnego należy napisać coś w stylu:

Z przyjemnością udzielę bardziej precyzyjnych informacji podczas spotkania rekrutacyjnego.

albo

Chętnie zgłoszę się na rozmowę kwalifikacyjną w dogodnym dla Państwa terminie.

Nie formułujmy jednak takiej zachęty zbyt natarczywie, gdyż to pracodawca ma podjąć decyzję o spotkaniu rekrutacyjnym, a nie kandydat.

Ponadto na końcu może pojawić się formułka na temat referencji typu: *referencje dostępne na życzenie.*

Wydaje się, że na tym etapie rekrutacji nie ma konieczności podawania bardziej szczegółowych informacji na temat referencji.

I jeszcze jedna kwestia – nie jest błędem, jeśli kandydat zamiast w CV zawrze klauzulę o zgodzie na przetwarzanie danych personalnych na końcu listu motywacyjnego.

Podsumowując, schemat listu motywacyjnego wygląda następująco:

Miejscowość i data

List motywacyjny

tutaj wpisujemy:
imię i nazwisko, nr telefonu
adres mailowy

tutaj wpisujemy:
dane pracodawcy, osoby,
do której adresujemy list,
nazwę firmy, dział

stanowisko......................... nr ref..................

zaczynamy od przedstawienia się i podania celu, w jakim piszemy

w drugim kroku prezentujemy swoje kluczowe osiągnięcia i umiejętności

następnie uzasadniamy, dlaczego chcemy pracować na danym stanowisku, jakie korzyści przyniesie to pracodawcy

na zakończenie zachęcamy pracodawcę do nawiązania z nami kontaktu

Warto zauważyć, że formuła listu motywacyjnego kierowanego do pracodawców w krajach anglojęzycznych będzie w zasadzie podobna do polskiej. Niemniej podkreślenia wymagają trzy najbardziej istotne różnice, odnoszące się do:

- sposobu adresowania,
- blokowej struktury prezentacji treści oraz
- tzw. proaktywnego zakończenia.

W angielskim liście motywacyjnym datę i dane firmy umieszczamy po lewej stronie. Natomiast nieco wyżej, po prawej stronie swoje dane personalne. Na końcu podpisujemy się także z lewej strony. Oto schematyczny przykład:

Anna Nowak
ul. Towarowa 5/7, 03-566 Warszawa
kom. 510 125 521, a.nowak@gazeta.pl

September 23, 2007

Mr. John Smith
Human Resources Manager
Onnyy Company

Dear Mr. Smith,

Sincerely,

Anna Nowak

Treści prezentujemy blokowo, czyli nowy akapit zaczynamy od nowej linijki, bez wcięcia, oddzielamy go od poprzedniej porcji informacji funkcją „enter".

I wreszcie trzecia różnica – tzw. proaktywne zakończenie praktycznie nie jest stosowane w naszym kraju. Polega ono na tym, że to kandydat na końcu informuje pracodawcę, że za kilka dni się z nim skontaktuje. I rzeczywiście po kilku dniach od wysłania aplikacji należy to uczynić. W Polsce idea „proaktywnego zakończenia" jest realizowana w ten sposób, że to pracodawca po przeczytaniu dokumentów aplikacyjnych ma być zmotywowany do podjęcia kontaktu z ich autorem.

Najczęstsze błędy w listach motywacyjnych

Tak samo jak w sytuacji pisania CV, w przypadku listu motywacyjnego musimy zweryfikować, czy nie popełniliśmy istotnych błędów, które mogłyby doprowadzić do odrzucenia naszej aplikacji. Do najczęściej popełnianych błędów, przyczyniających się do braku zainteresowania ofertą kandydata, należą:

- błędy stylistyczne, ortograficzne i interpunkcyjne,
- nieestetyczny, nieczytelny format listu motywacyjnego,
- brak informacji, czego dotyczy aplikacja (tj. numeru referencyjnego i nazwy stanowiska),
- dublowanie informacji zawartych w CV,
- brak uzasadnienia, dlaczego kandydat ubiega się o dane stanowisko,
- wskazywanie tylko na własne korzyści (szczególnie materialne), wynikające z ewentualnego podjęcia pracy,
- stosowanie żargonu, niezrozumiałych słów.

Granice oryginalności

Zwykle pracodawca oczekuje listów rzeczowych, konkretnych, a niekoniecznie nadzwyczaj oryginalnych. Jednocześnie dobrze jest, jeśli kandydat nie używa suchego, sztywnego języka. Najistotniejsze jest wyczucie i zachowanie równowagi, aby nie przedobrzyć z ekstrawagancją, ale też nie wydawać się zbyt szablonowy. Decydując się na niekonwencjonalny styl listu motywacyjnego, należy sobie postawić pytanie, czy będzie on współgrał z charakterem pracy na stanowisku, na które aplikujemy? Jeśli dojdziemy do przekonania, że nie, to zdecydowanie odstąpmy od takiego pomysłu.

A oto kilka sformułowań z listów motywacyjnych, które być może w intencji autorów miały być nietuzinkowe, oryginalne, natomiast w odbiorze osób rekrutujących nie zawsze spełniają taką rolę. Są to przykłady, niestety nieodosobnione, a na pewno niewarte naśladowania.

Mój list dotyczy oferty pracy. Spełniam wszystkie wymagane punkty i jeszcze kilka więcej. Mam 26 lat. Mam 5-letnie doświadczenie w zawodzie. Nie interesuje mnie, czy będę pracować w młodym zespole, w znanej firmie. Chcę mieć możliwość rozwoju, a przede wszystkim interesuje mnie, jak wysoką dostanę pensję oraz czy otrzymam stałą umowę o pracę. Moje oczekiwania co do zarobków, jak również moje ambicje i zaangażowanie w pracę zaczynają się od trzech zer i czwórki na początku. Netto oczywiście. Potrzebuję tyle, by zapewnić sobie życie na podstawowym poziomie. Oczywiście oczekuję również płaconych na czas składek ZUS. Umowa o pracę powinna być z 3-miesięcznym okresem wypowiedzenia oraz gwarantowaną odprawą na wypadek zwolnienia w wysokości półrocznej pensji. Praca maksymalnie 8 godzin dziennie, bym miał czas na rozrywki. Sobota maksymalnie 4 godziny, niedziela bezwzględnie wolna.

Przede wszystkim ton listu jest roszczeniowy, mogący urazić pracodawcę. Ponadto jest mało konkretny. Nie wiemy, jakiej oferty pracy dotyczy, jakie kryteria kandydat spełnia i co ma jeszcze do zaoferowania, w jakim zawodzie pracował, a formułowanie oczekiwań co do wysokości wynagrodzenia, rodzaju umowy, warunków pracy na tym etapie procesu rekrutacji jest nietaktowne i niedopuszczalne. Bywają też i tego typu zakończenia:

- *Nadmienię, że będę zmuszony (realia życiowe) odrzucić ofertę z wynagrodzeniem poniżej 3 tys. netto.*
- *Ja jestem najlepszym kandydatem na oferowane stanowisko analityka. Hasło reklamujące mnie brzmi: Ja = 150 IQ. Oznacza to, że jestem posiadaczem fajnego mózgu. Mam świetnie rozwiniętą percepcję oraz zdolność logicznego i analitycznego myślenia. Z pewnością przekonam o tym Państwa podczas osobistej rozmowy, na którą oczekuję z niecierpliwością.*
- *Odpowiadam na Państwa ofertę wiedziony impulsem poznawania świata, jak i ogólnie przyjętym zwyczajem działania na własną korzyść. Dokonałem autoanalizy, z której wynika, że: jestem twórczy, angażuję się emocjonalnie w pracę, ale jestem przy tym spokojny i zrównoważony. Wymagam tyle od siebie, co od innych. Rzetelność i obowiązkowość to moje priorytety. Kończąc tę wyliczankę superlatywów na swój temat, dodam, że cierpię na potrzebę rozwoju. Najlepiej w wielu kierunkach. Chodzi o to, by praca nie była nudna, nużąca, bo wtedy nie odczuwam satysfakcji. Wydaje się, że Państwa oferta pozwoli mi zaspokoić moją potrzebę twórczego ruchu, co przełoży się na korzyści dla firmy. Podczas rozmowy kwalifikacyjnej chętnie przedłożę dowody moich osiągnięć zawodowych.*

Komentarz wydaje się zbędny. Obaj kandydaci jawią się bardziej jako egocentrycy niż profesjonaliści.

- *Dokumenty wysyłam mailem, bo poczta chodzi tak wolno i kosztuje, a ja ograniczam się finansowo, jak tylko to możliwe. Dlatego też proszę o potwierdzenie zainteresowania moim zgłoszeniem, bym mógł się przygotować solidnie do spotkania.*

- *Moją główną wadą jest to, że prawie nie znam języka angielskiego, jeśli to Państwa nie wystraszyło, to piszę dalej.*
- *Mam 21 lat, niestety nie udało mi się zdać matury, co wcale nie oznacza, że nie będę się uczyła dalej.*
- *Posiadam oczekiwane przez Państwa wykształcenie średnie techniczne, ale podkreślam, nigdy nie pracowałem w swoim zawodzie.*

Pamiętajmy, że list motywacyjny ma być pozytywną autoprezentacją. Jeżeli matura lub znajomość języka obcego są kluczowymi wymogami pracodawcy, po prostu nie wysyłajmy swojej oferty.

Ponad 9-letnia praktyka w sprzedaży pośredniej, bezpośredniej pozwala mi zainteresować Państwa moją kandydaturą. Jeżeli potrzebujecie Państwo fachowca z prawdziwego zdarzenia, z dużą praktyką życiową (teoria sobie, a życie sobie), to jestem do Państwa dyspozycji. Mi nie drżą nogi, ani ręce i nie pocę się przed zapukaniem do klienta.

Prawidłowe i adekwatne jest tutaj jedynie pierwsze zdanie. Reszta jest zdecydowanie zbędna.

Przykład CV i listu motywacyjnego napisanych w odpowiedzi na konkretną ofertę pracy

Poniżej zostaną zaprezentowane dokumenty aplikacyjne przygotowane przez kandydata w odpowiedzi na następujące ogłoszenie:

Firma **M.E.X Polska sp. z o.o.** jest wiodącym światowym producentem podzespołów oraz technologii systemowych głównie dla przemysłu motoryzacyjnego. W Polsce zatrudniamy ponad 3000 osób w czterech zakładach produkcyjnych.

Do naszego nowo otwieranego zakładu poszukujemy kandydatów na stanowisko:

INŻYNIER JAKOŚCI

(nr ref. QE/07)

Wymagania wobec kandydatów:

wykształcenie wyższe techniczne mechanika/automatyka/procesy produkcyjne
znajomość systemów jakości ISO 9001, ISO/TS 16949
znajomość metod rozwiązywania problemów jakościowych (5 Why, 8D)
znajomość analiz/dokumentacji: PFD/FMEA/SPC będzie dodatkowym atutem
min. 2 lata doświadczenia na podobnym stanowisku
bardzo dobra komunikatywność i umiejętność pracy w zespole
dobra znajomość języka angielskiego (w mowie i piśmie)
atutem będzie doświadczenie w pracy w firmach międzynarodowych

Do obowiązków kandydata będzie należeć:

opracowywanie dokumentacji jakościowej
analizowanie i raportowanie wyników jakościowych
współpraca z innymi działami w zakresie rozwiązywania problemów jakościowych oraz wprowadzanie działań korygujących
kontakty z klientami w zakresie zagadnień jakościowych
audytowanie procesów produkcyjnych
współudział w tworzeniu systemu jakości
szkolenie pracowników w zakresie rozwiązywania problemów jakościowych

Zgłoszenia (CV + list motywacyjny) prosimy nadsyłać w terminie 14 dni z załączoną klauzulą o ochronie danych osobowych. Zastrzegamy sobie możliwość skontaktowania się tylko z wybranymi kandydatami.

e-mail: **renata.figer@mex.com**

Przed przygotowaniem aplikacji kandydat powinien zwrócić szczególną uwagę na:

- merytoryczne oczekiwania pracodawcy,
- branżę firmy – motoryzacyjna,
- profil jej działalności – produkcyjny,

- nazwę firmy – umożliwiającą poszukanie informacji na temat tego, jakie podzespoły będą wytwarzane w nowej fabryce, kiedy będzie uruchamiana produkcja,
- adres mailowy sugerujący formę, w jakiej mają być przesłane dokumenty.

A oto odpowiedź przygotowana przez kandydata:

Wrocław 23.02.2007 r.

Roman Majecki

tel. 345 789 012, rmaj@gazeta.pl

Szanowna Pani
Renata Figer
M.E.X. Polska sp. z o.o.

nr ref. QE/07

Szanowna Pani,

w nawiązaniu do ogłoszenia prasowego (Gazeta Wyborcza z dnia 20.02.2007 r.) oraz uzyskanych informacji o Państwa firmie, chciałbym zgłosić swoją kandydaturę na oferowane stanowisko **Inżyniera Jakości**.

Ponad 3 lata praktycznych doświadczeń w firmie produkcyjnej to mój atut. Nadzorowanie, monitorowanie, analizowanie i raportowanie jakości produktów i zdolności procesów, podejmowanie działań zapewniających jakość wyrobów zgodną z oczekiwaniami klienta – to moja codzienność zawodowa.

W ubiegłym miesiącu uruchomiłem produkcję łożysk i musiałem dostosować dokumentację techniczną z języka angielskiego na polski. Następnie nadzorowałem linie produkcyjne, dbając o zwiększenie wydajności i jakości produkcji łożysk, aż po wysłanie ich do klienta. Byłem pomysłodawcą modyfikacji w projekcie (m.in. opracowałem proces technologiczny skomplikowanego elementu mechanicznego, który w wydatny sposób spowodował obniżenie kosztów produkcji z zachowaniem jej jakości). Przy uruchamianiu produkcji seryjnej współpracuję ściśle z działami: projektowym, finansowym, inwestycyjnym, zakupów i logistyki.

Czynnie uczestniczę w audytach dostawców, prowadzę szkolenia z problematyki jakości dla operatorów i kadry produkcyjnej. Praca w zespole stanowiła dla mnie zawsze przyjemność i możliwość wspólnego rozwiązywania problemów.

Chciałbym wykorzystać posiadane doświadczenia z korzyścią dla firmy i mojego rozwoju zawodowego w kierunku zarządzania jakością. Jeżeli uznają Państwo moją ofertę za interesującą, z przyjemnością zgłoszę się na rozmowę rekrutacyjną.

Z poważaniem
Roman Majecki

Roman Majecki

ur. 31.08.1979 r., Wrocław
ul. Kwiatowa 33a, 58-300 Brzeg
tel. 345 789 012, rmaj@gazeta.pl

Cel zawodowy

Praca w międzynarodowym koncernie produkcyjnym na stanowisku Inżyniera jakości.

Podsumowanie kwalifikacji

- Znajomość systemów ISO 9001, ISO/TS 16949, audytor wewnętrzny.
- Wykorzystywanie narzędzi jakościowych PPAP, FMEA i analiz statystycznych SPC.
- Praktyczna i teoretyczna wiedza technologiczna z zakresu produkcji.
- Absolwent studiów wyższych na kierunku: Technologia i procesy produkcji.
- Znajomość języka angielskiego – egzamin CAE.

Doświadczenie zawodowe

01.11.2003 r. – nadal

Polskie Zakłady Mechaniczne S.A. elementy metalowe dla przemysłu motoryzacyjnego
Stanowisko: **Technolog**
(sporządzanie dokumentacji technologicznej, sporządzanie dokumentacji jakościowej, analiza jakościowa wyrobu, kontrola statystyczna produkcji SPC, wdrażanie systemu zapewnienia jakości zgodnie z ISO 9001, ISO/TS 16949, wdrażanie nowych wyrobów do produkcji, uruchamianie linii produkcyjnych, wybór narzędzi do nowych stanowisk produkcyjnych, projektowanie stanowisk produkcyjnych)

2001 r. 3-miesięczna praktyka specjalizacyjna w dziale produkcji PZM S.A.

Wykształcenie

2004–2005 r. **Akademia Ekonomiczna** we Wrocławiu
Studia Podyplomowe
Kierunek: **Zarządzanie jakością w przedsiębiorstwie**

1998–2003 r. **Politechnika Wrocławska**, Wydział Mechaniczno-Technologiczny
Kierunek: **Technologia i proces produkcji**
Specjalizacja: Eksploatacja maszyn
Praca magisterska: „Metody kontroli kosztów pracochłonności maszyn"

1994–1998 r. Liceum Ogólnokształcące w Brzegu
Profil: matematyczno-fizyczny

Kursy, umiejętności

2003 r. Analiza statystyczna produkcji metodą Six Sigma; Lean manufacturing
Kurs z zakresu zastosowań FMEA, PPAP

2005 r. Certyfikat Audytora Wewnętrznego Systemów Zarządzania Jakością według normy PN-EN ISO 9001

Wyrażam zgodę na przetwarzanie moich danych osobowych zawartych w mojej ofercie pracy dla potrzeb niezbędnych do realizacji procesu rekrutacji, zgodnie z ustawą z dnia 29.08.1997 r. o ochronie danych osobowych (tekst jedn. Dz. U. z 2002 r. Nr 101, poz. 926 ze zm.).

Zasadnicze atuty tak przygotowanych dokumentów to:

- spójność między formą CV i listu motywacyjnego,
- przejrzysta i czytelna struktura,
- dbałość o poprawność i zwięzłość języka,
- wyszczególnienie najważniejszych informacji w CV,
- podanie przykładów na swoje kompetencje i działania w liście motywacyjnym,
- niepowtarzanie informacji z CV w liście motywacyjnym,
- nienarzucające swojej kandydatury zakończenie listu motywacyjnego.

Należy zwrócić uwagę, że graficzna prezentacja danych osobowych pozwala na oszczędność miejsca, przy jednoczesnym zachowaniu ich czytelności.

Kandydat zastosował CV chronologiczne. W pierwszej jego części odniósł się do tych swoich kompetencji, które są najważniejsze w kontekście oczekiwań pracodawcy. Napisał o:

- wyższym wykształceniu technicznym w zakresie procesów produkcji,
- znajomości norm ISO 9001, ISO/TS 16949,
- znajomości analiz/dokumentacji: FMEA i SPC,
- poziomie posługiwania się językiem angielskim (CAE).

Tak więc w tych punktach CV odniósł się bezpośrednio do oczekiwań pracodawcy.

Ponadto podał syntetycznie zakres swoich obowiązków oraz wykształcenie, które jest także spójne z profilem stanowiska zarysowanym w ogłoszeniu.

Z kolei w liście motywacyjnym już nie powtarzał tych informacji. Poprzez podanie przykładów z własnego doświadczenia zawodowego nawiązał do zakresu obowiązków kandydata sformułowanych w ogłoszeniu. Rozwinął szczerzej wątek związany z wprowadzaniem działań usprawniających, audytowaniem procesów, współpracą z innymi działami firmy, pracą zespołową, przeprowadzaniem szkoleń. Na początku podkreślił swoje ponad 3-letnie doświadczenie zawodowe.

Co prawda, kandydat nie może się pochwalić wszystkimi oczekiwanymi umiejętnościami – prawdopodobnie nie zna m.in. metod rozwiązywania problemów jakościowych 5 Why, 8D, nie pracował też w środowisku międzynarodowym, niemniej profil wykształcenia i doświadczeń zawodowych jest na tyle spójnie zaprezentowany przez kandydata i zbieżny z oczekiwaniami pracodawcy, że istnieje szansa zaproszenia go na rozmowę kwalifikacyjną.

Inne ważne dokumenty

Rozdział 6

Do CV i listu motywacyjnego nie należy dołączać żadnych dodatkowych kopii dokumentów, chyba że pracodawca wyraźnie o to prosi.

Referencje powinny być sprawdzane dopiero po rozmowie kwalifikacyjnej. Dlatego na jej zakończenie możemy podać precyzyjne dane osób, które mogłyby nam ich udzielić, lub przekazać dokumenty w formie pisemnej, jeśli takimi dysponujemy. Niemniej nie mamy możliwości rzetelnego przygotowania swoich dokumentów aplikacyjnych, jeśli nie dysponujemy tzw. portfolio.

Dokumenty tworzące portfolio

Portfolio to zbiór wszystkich naszych dokumentów zawodowych, poświadczających zarówno okresy zatrudnienia, jak i nabyte wykształcenie czy inne kwalifikacje zawodowe. Może ono też zawierać inne dowody naszej pracy czy inicjatywy. Wśród podstawowych dokumentów portfolio wyróżniamy:

- świadectwa pracy,
- dyplomy ukończenia studiów,
- świadectwa ukończenia szkół,
- certyfikaty językowe,
- certyfikaty innych kwalifikacji,
- zaświadczenia o ukończonych kursach,
- referencje pisemne,
- kontakty do osób mogących udzielić referencji ustnych.

Wszystkie te dokumenty powinniśmy mieć zgromadzone w jednym miejscu, dzięki temu łatwiej będzie nam z nich skorzystać w sytuacji pisania CV i listu motywacyjnego (zwłaszcza gdy trzeba będzie podać dokładne daty, nazwy). Ponadto, gdy będziemy zaproszeni na rozmowę kwalifikacyjną, będziemy mieli pod ręką oryginały niezbędnych dokumentów, które będą mogły poświadczyć nasze kwalifikacje.

Praktycznym sposobem jest ułożenie ich w logicznym porządku, tj. najpierw dyplomy studiów, następnie świadectwa, certyfikaty, zaświadczenia o uczestnictwie w kursach czy szkoleniach, świadectwa pracy, a na końcu referencje. W osobnym miejscu mogą się znajdować przykłady naszej działalności, np. notatki prasowe, prospekty, ulotki reklamowe w przypadku osób z branży reklamowo-promocyjnej.

Jak pisać maile przy wysyłaniu dokumentów aplikacyjnych

Okazuje się, że wysyłanie CV i listu motywacyjnego odbywa się obecnie najczęściej drogą elektroniczną. Należy mieć na uwadze, że wysyłanie dokumentów aplikacyjnych mailem wymaga zachowania określonych reguł. Niewłaściwe sformułowanie maila może się przyczynić do negatywnego odbioru naszej osoby i wtedy na nic cały trud poświęcony na przygotowanie dokumentów aplikacyjnych. Aby do tego nie dopuścić, należy pamiętać o tym, że:

- maile piszemy używając języka formalnego, biurowego, a nie bezpośredniego, jaki obowiązuje w internecie,
- nie stosujemy żadnych tzw. *emotikon*, czyli internetowych uśmieszków,
- zawsze dołączamy CV i list motywacyjny w postaci załączników (w pliku Word z rozszerzeniem .doc lub w programie Adobe Acrobat Reader z rozszerzeniem .pdf),
- nigdy nie wysyłamy dokumentów jednocześnie do kilku odbiorców, czyli nie stosujemy opcji *attachment* do wpisania adresów mailowych innych pracodawców, gdyż narażamy się na natychmiastowe usunięcie naszego maila,
- zawsze tytułujemy nagłówek wiadomości, gdyż jest to pierwsza wiadomość, jaką odczytuje od nas odbiorca,
- zawsze piszemy krótki wstęp do maila, by odbiorca miał pewność, że jest to oferta kandydata, a nie spam albo wirus.

Zadbajmy również o to, by nazwa naszego adresu mailowego nie była nieprofesjonalna typu: kasienka@.........lub kurczaczek@......... terminator@........... Niestety, często tak bywa i nie sprawia wrażenia poważnej oferty. Warto założyć sobie specjalną skrzynkę związaną z poszukiwaniem pracy. Tworząc do niej adres, wykorzystajmy po prostu swoje imię i nazwisko lub pierwszą literę imienia i całe nazwisko lub inicjały. Taki zabieg ma jeszcze jeden walor. Nie narażamy się, że ktoś niepożądany zauważy, że poszukujemy pracy. Chodzi tu przede wszystkim o obecnego pracodawcę. Dlatego też nie jest najstosowniejsze wysyłanie maili z adresu aktualnego miejsca zatrudnienia.

Tytułując dokumenty, nie piszmy: „CV – Jacuś", „LM – Jacuś". Ponownie stosujemy zasadę własnego imienia i nazwiska lub inicjałów. W nagłówku wiadomości mailowej wyraźnie napiszmy nazwę stanowiska, o jakie się staramy. Wydaje się, że to będzie najbardziej adekwatne i czytelne. A oto jak mogą wyglądać poprawne maile:

Szanowni Państwo,
w nawiązaniu do dzisiejszej rozmowy telefonicznej dotyczącej oferty pracy na stanowisku inżyniera elektronika, w załączeniu przesyłam swoje dokumenty aplikacyjne. Jednocześnie proszę o potwierdzenie otrzymanego zgłoszenia.

Z poważaniem
Krzysztof Drugi

albo

Szanowni Państwo,
w nawiązaniu do ogłoszenia z dnia 19 czerwca 2007 r., zamieszczonego w „Gazecie Wyborczej" nr ref. SpecMar/347 na stanowisko specjalisty ds. marketingu, wyrażam zainteresowanie Państwa ofertą pracy.
Spełniam większość Państwa oczekiwań, o których piszę w załączonym CV i liście motywacyjnym.
Gdyby moja kandydatura okazała się interesująca, proszę o kontakt.

Z wyrazami szacunku
Anna Niewidek

Poniżej podajemy kilka maili, których używanie nie jest w dobrym tonie i nie należy ich stosować:

Witam,
nie mam zbyt dużego doświadczenia pracy w zawodzie – niestety :(
Pominąłem w CV kilka mniej istotnych okresów zatrudnienia, jak również kilkutygodniowy epizod pracy w firmie projektowej w Słupsku. Chciałbym jednak pracować w zawodzie grafika komputerowego i mam wysoką motywację. Dlatego wysyłam zgłoszenie.
Pozdrawiam Szymon.

Zarówno treść, jak i zbyt swobodna forma maila nie zachęcą pracodawcy do zapoznania się z aplikacją kandydata.

Zapraszam do współpracy i pozdrawiam Darek F.

Ponownie przykład skracania dystansu oraz brak pełnego imienia i nazwiska: Dariusz F....

Uwagi techniczne:
adres zwrotny email nie przyjmuje listów z zewnątrz, zatem proszę w razie zainteresowania moją ofertą użyć jednego z dwóch wymienionych w CV.

Należało aplikację wysłać od razu z właściwego adresu, a nie narażać pracodawcę na dodatkowe czynności.

Witam,
w załączeniu jest moje CV na ofertę.

Brakuje podpisu, nazwy oferty i nie został zachowany oficjalny ton wypowiedzi.

Jeszcze kilka podobnych przykładów:

- *Witam, piszę z ogłoszenia z gazety regionalnej, nie mam dużego doświadczenia, ale szukam pracy. Uczę się w szkole pomaturalnej, eksternistycznie i mam wiele wolnego czasu, ponieważ egzaminy mam raz na miesiąc. Proszę o kontakt.*
- *Cześć, czy oferta jest jeszcze aktualna? Proszę o więcej szczegółów, gdzie będzie miejsce pracy?*
  Pozdrawiam.
- *W tym roku kończę studia i dlatego wysyłam swoje zgłoszenie. Jestem zainteresowana ofertami pracy z Krakowa i okolic do 30 km. Z góry dziękuję za zainteresowanie.*

To są przykładowe maile, jakie wysyłają osoby kończące edukację bądź to do różnych pracodawców, bądź do agencji doradztwa personalnego. Na pewno nie mogą liczyć na jakiekolwiek zainteresowanie czy ofertę pracy. To co komunikują, to przede wszystkim „nie wiem, co z sobą dalej zrobić".

Dodatek

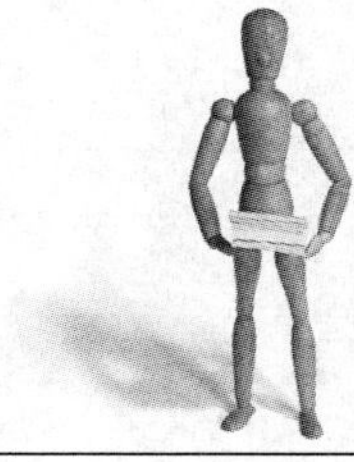

Na zakończenie prezentujemy przykłady sześciu CV w formacie Europassu, w następujących językach:

- angielskim,
- niemieckim,
- francuskim,
- włoskim,
- hiszpańskim i
- niderlandzkim.

Wiąże się to ze znaczną emigracją zarobkową, zwłaszcza młodych ludzi, dla których te przykłady mogą być pomocne szczególnie w zakresie nazw nagłówków i zasadniczych sekcji.

Pochodzą one ze strony międzynarodowego portalu © Wspólnoty Europejskie o adresie strony internetowej http://europass.cedefop.europa.eu, na której można znaleźć dodatkowe informacje oraz szablony CV dla innych języków europejskich.

europass

Europass Curriculum vitae

Personal information

Surname(s) / First name(s)	**HOBKINS Betty**
Address(es)	32 Reading rd, Birmingham, B26 3QJ, United Kingdom
Telephone(s)	Personal: (44-1189) 12 34 56 Mobile: (44-6987) 65 43 21
Fax(es)	(44-1189) 12 34 56
E-mail(s)	hobbies@kotmail.com
Nationality(-ies)	British
Date of birth	07.10.1974
Gender	Female

Desired employment / Occupational field

EUROPEAN PROJECT MANAGER

Work experience

Dates	August 2002 onwards
Occupation or position held	Independent consultant
Main activities and responsibilities	Evaluation of European Commission youth training support measures for youth national agencies and young people.
Name and address of employer	British Council, 123, Bd Ney, F-75023 Paris
Type of business or sector	Independent worker
Dates	March – July 2002
Occupation or position held	Internship
Main activities and responsibilities	- Evaluating youth training programmes for SALTO UK and the Partnership between the Council of Europe and European Commission - Organizing and running a 2 day workshop on non-formal education for Action 5 large scale projects focusing on quality, assessment and recognition - Contributing to the Steering Group on training and developing action plans on training for the next 3 years. Working on the Users Guide for training and the Support Measures
Name and address of employer	European Commission, Youth Unit, DG Education and Culture, 200, Rue de la Loi, B-1049 Brussels
Type of business or sector	European institution
Dates	October 2001 - February 2002
Occupation or position held	Researcher / Independent Consultant
Main activities and responsibilities	Working in a research team carrying out in-depth qualitative evaluation of the 2 year Advanced Training of Trainers in Europe using participant observations, in-depth interviews and focus groups. Work carried out in training courses in Strasbourg, Slovenia and Budapest.
Name and address of employer	Council of Europe, Budapest
Type of business or sector	European institutions

For more information go to http://europass.cedefop.europa.eu

Education and training

Dates: 1997-2001
Title of qualification awarded: PhD
Principal subjects/occupational skills covered: Thesis Title: *'Young People in the Construction of the Virtual University'*, Empirical research that directly contributes to debates on e-learning.
Name and type of organisation providing education and training: Brunel University, London, UK
Funded by an Economic and Social Research Council Award
Level in national or international classification: ISCED 6

Dates: 1993- 1997
Title of qualification awarded: Bachelor of Science in Sociology and Psychology
Principal subjects/occupational skills covered:
- Sociology of Risk, Sociology of Scientific Knowledge/ Information Society;
- E-learning and Psychology; Research Methods.

Name and type of organisation providing education and training: Brunel University, London, UK.
Level in national or international classification: ISCED 5

Personal skills and competences

Mother tongue(s): **English**

Other language(s)

Self-assessment	Understanding		Speaking		Writing
European level (*)	Listening	Reading	Spoken interaction	Spoken production	
French	C1 Proficient user	C2 Proficient user	B2 Independent user	C1 Proficient user	C2 Proficient user
German	A2 Basic user	A2 Basic user	A2 Basic user	A2 Basic user	A2 Basic user

(*) Common European Framework of Reference (CEF) level

Social skills and competences
- Team work: I have worked in various types of teams from research teams to national league hockey. For 2 years I coached my university hockey team;
- Mediating skills: I work on the borders between young people, youth trainers, youth policy and researchers, for example running a 3 day workshop at CoE Symposium 'Youth Actor of Social Change', and my continued work on youth training programmes;
- Intercultural skills: I am experienced at working in a European dimension such as being a rapporteur at the CoE Budapest 'youth against violence seminar' and working with refugees.

Organisational skills and competences
- Whilst working for a Brussels based refugee NGO 'Convivial' I organized a 'Civil Dialogue' between refugees and civil servants at the European Commission 20th June 2002.
- During my PhD I organised a seminar series on research methods.

Computer skills and competences: Competent with most Microsoft Office programmes and some experience with HTML.

Additional information

PUBLICATION

'How to do Observations: Borrowing techniques from the Social Sciences to help Participants do Observations in Simulation Exercises' Coyote EU/CoE Partnership Publication, (2002).

PERSONAL INTERESTS

Creating pieces of Art and visiting Modern Art galleries. Enjoy all sports particularly hockey, football and running. Love to travel and experience different cultures.

Page 2 - Curriculum vitae of Hobkins Betty

For more information go to http://europass.cedefop.europa.eu

europass

Europass Lebenslauf

Angaben zur Person

Nachname(n) / Vorname(n)	**Brenner Karola**
Adresse(n)	Mainzerstraße 24, D-50847 Köln
Telefon	(49-221) 221 11 20 Mobil: (49-271) 722 36 54
Fax	(49-221) 221 11 21
E-mail	brenner@whaoo.com
Staatsangehörigkeit(en)	Deutsche
Geburtsdatum	02.04.1969
Geschlecht	Weiblich

Gewünschte Beschäftigung / Gewünschtes Berufsfeld

Versicherungsberaterin - International Accounting Standards (IAS)

Berufserfahrung

Datum	Seit August .2000
Beruf oder Funktion	Spezialistin für International Accounting Standards (IAS)
Wichtigste Tätigkeiten und Zuständigkeiten	- Umsetzung neuer und bestehender Standards in die Rechnungslegung - Erstellung des IAS-Handbuches - Kommentierung von Empfehlungen der Standards Committees im Hinblick auf neue Rechnungslegungsstandards - Erstellung und Prüfung von Konzernjahres- bzw. Quartalsabschlüssen - Schulung von Mitarbeitern des Rechnungswesens im In- und Ausland - Führung von Mitarbeitern
Name und Adresse des Arbeitgebers	Meldorf-Konzern, Köln
Tätigkeitsbereich oder Branche	Versicherungen
Datum	01.05.1998 – 31.07.2000
Beruf oder Funktion	General Administrator der Niederlassung Dortmund
Wichtigste Tätigkeiten und Zuständigkeiten	- Erstellung der Jahres- und Monatsabschlüsse der Niederlassung - Erstellung des Jahresbudgets - Erstellung der monatlichen Kostenrechnung - Erstellung von Nachweisen für Behörden und Verbände - Liquiditätsplanung
Name und Adresse des Arbeitgebers	National Insurance Corporation, London
Tätigkeitsbereich oder Branche	Versicherungen
Datum	01.01.1995 – 30.04.1998
Beruf oder Funktion	Leiterin des Rechnungswesens
Wichtigste Tätigkeiten und Zuständigkeiten	- Erstellung der externen und internen Jahres- und Quartalsabschlüsse der Gruppe - Erstellung von Planungs- und Hochrechnungen - Verwaltung des Deckungsstockverzeichnisses - Verwaltung des Wertpapierbereiches
Name und Adresse des Arbeitgebers	Dortmunder Lebensversicherung VVaG, Dortmund
Tätigkeitsbereich oder Branche	Versicherungen

Seite 1 – Lebenslauf von Brenner Karola

Weitere Informationen finden Sie unter http://europass.cedefop.europa.eu

Schul- und Berufsbildung

Datum	1989 – 1994
Bezeichnung der erworbenen Qualifikation	Diplom-Betriebswirtin
Hauptfächer/berufliche Fähigkeiten	Studium der Betriebswirtschaft
Name und Art der Bildungs- oder Ausbildungseinrichtung	Universität Köln
Stufe der nationalen oder internationalen Klassifikation	ISCED 4
Datum	1987 – 1989
Bezeichnung der erworbenen Qualifikation	IHK-Zeugnis: Industriekauffrau
Hauptfächer/berufliche Fähigkeiten	Ausbildung zur Industriekauffrau
Name und Art der Bildungs- oder Ausbildungseinrichtung	Marius Müller GmbH & Co. KG, Köln Lebensmittelbranche

Persönliche Fähigkeiten und Kompetenzen

Muttersprache(n): **Deutsch**

Sonstige Sprache(n)

Selbstbeurteilung	**Verstehen**		**Sprechen**		**Schreiben**
Europäisches Referenzniveau (*)	Hören	Lesen	An Gesprächen teilnehmen	Zusammenhängendes Sprechen	
Englisch	C1 Kompetente Sprachverwendung	B2 Selbständige Sprachverwendung	A2 Elementare Sprachverwendung	B1 Selbständige Sprachverwendung	B2 Selbständige Sprachverwendung
Französisch	B1 Selbständige Sprachverwendung	B2 Selbständige Sprachverwendung	A2 Elementare Sprachverwendung	A2 Elementare Sprachverwendung	A2 Elementare Sprachverwendung

(*) Referenzniveau des gemeinsamen europäischen Referenzrahmens

Soziale Fähigkeiten und Kompetenzen

Besondere Fähigkeiten:
- Führung und Motivation von Mitarbeitern
- Einfühlsamkeit gegenüber Mitmenschen
- Fähigkeit zur Konfliktlösung

Erworben habe ich diese Fähigkeiten während der Arbeit mit Kolleginnen und Kollegen sowie auf zahlreichen Auslandsreisen und als Mitglied eines Hockey-Teams.

Organisatorische Fähigkeiten und Kompetenzen

Ich arbeite und entscheide zielbewusst und selbständig.
Ich habe viel Erfahrung in der Führung von Mitarbeitern und in der Leitung von Projekten. Erworben habe ich meine Kenntnisse an der Universität und bei der Arbeit.

IKT-Kenntnisse und Kompetenzen

Gute PC-Kenntnisse, insbesondere Excel und Winword erworben bei der Arbeit und in der Freizeit

Künstlerische Fähigkeiten und Kompetenzen

Klavierspielen

Sonstige Fähigkeiten und Kompetenzen

Ausdauer, erworben bei vielen Langstreckenläufen, insbesondere durch zweimalige Teilnahme an Stadt-Marathonläufen

Führerschein(e)

Klasse B

Anlagen

Kopie der erworbenen Diplome

Seite 2 – Lebenslauf von Brenner Karola

Weitere Informationen finden Sie unter http://europass.cedefop.europa.eu

europass

Curriculum vitae Europass

Information personnelle	
Nom(s) / Prénom(s)	**Lapierre Philippe**
Adresse(s)	23 Place Flaubert, F-31 000 Toulouse
Téléphone(s)	(33-5) 61 12 00 36 Portable: (33-6) 61 12 00 38
Télécopie(s)	(33-5) 61 12 00 37
Courrier(s) électronique(s)	lapierrephil@wahoo.fr
Nationalité(s)	Français
Date de naissance	8 septembre 1974
Sexe	Masculin
Emploi recherché / Domaine de compétence	**RESPONSABLE DE PROJET - GESTION DU PATRIMOINE**
Expérience professionnelle	
Dates	De novembre 2001 à juillet 2002
Fonction ou poste occupé	Stagiaire au service de la traduction française
Principales activités et responsabilités	- Gestion et suivi des textes; - Participation à la traduction et à la révision de textes; traduction assistée par ordinateur; - Recherches bibliographiques sur l'éducation et la formation professionnelle.
Nom et adresse de l'employeur	Cedefop, Europe 123, GR-57 001 Thessaloniki (Pylea)
Type ou secteur d'activité	Agence de l'Union européenne spécialisée dans la formation professionnelle
Dates	De septembre 2000 à juillet 2002
Fonction ou poste occupé	Assistant attaché culturel
Principales activités et responsabilités	- Enseignement (arts plastiques et histoire de l'art); - Conception, organisation et animation d'événements culturels («Lire en fête», «Festival grec du livre pour la jeunesse»); - Participation à l'informatisation et à l'élaboration de la nouvelle médiathèque.
Nom et adresse de l'employeur	Institut Français de Thessalonique, Leoforos Stratou 2A, BP 18 103, GR-54 007 Thessalonique
Type ou secteur d'activité	Institut culturel
Education et formation	
Dates	Depuis septembre 2000
Intitulé du certificat ou diplôme délivré	Préparation d'un Doctorat «Archéologie, histoire et civilisation de l'Antiquité et du Moyen Âge»
Principales matières/compétences professionnelles couvertes	Recherches doctorales sur le thème «La mise en place du décor peint dans les tombes macédoniennes (4e-2e siècles av. J.-C.)» - Recherche universitaire et spécialisation sur la peinture antique; - Archéologie et anthropologie funéraire; - Restauration et mise en valeur du patrimoine.
Nom et type de l'établissement d'enseignement ou de formation	Université Aix-Marseille I – Université Aristote de Thessalonique (cotutelle)

Dates	Septembre 1999 à juin 2000
Intitulé du certificat ou diplôme délivré	Diplôme d'études approfondies (D.E.A.) Archéologie, histoire et civilisation de l'Antiquité et du Moyen Age
Principales matières/compétences professionnelles couvertes	- Séminaires de recherche dirigés par Pierre Gros (spécialiste de l'architecture romaine et directeur de la Revue Archéologique) ; - Séjour bibliographique à l'École Française d'Athènes ; - Stage d'attaché à la conservation au Musée d'Archéologie méditerranéenne de Marseille (Vieille Charité). Élaboration de l'exposition liée au «Printemps des musées européens» - Fouilles archéologiques sur le site de Pella (Grèce du Nord) ; - Mémoire: La mise en place du décor peint dans le cadre architectural des tombes macédoniennes (4e-2e siècles av. J.-C.).Recherche universitaire et spécialisation sur la peinture antique.
Nom et type de l'établissement d'enseignement ou de formation	Université Aix-Marseille I
Niveau dans la classification nationale ou internationale	Niveau Cite 5A
Dates	Septembre 1998 à juin 1999
Intitulé du certificat ou diplôme délivré	Maîtrise «Histoire de l'art et archéologie»
Principales matières/compétences professionnelles couvertes	- Séminaire de méthodologie de la recherche ; - Archéologie classique et topographie de la Macédoine antique (Grèce du Nord; Bulgarie et Thrace turque); - Stage de restauration au Musée archéologique de Thessalonique; - Mémoire sur la peinture des tombeaux funéraires macédoniens.
Nom et type de l'établissement d'enseignement ou de formation	Université Aristote, Thessalonique (échange Erasmus avec l'université Aix-Marseille I)
Niveau dans la classification nationale ou internationale	Niveau Cite 5A

Aptitudes et compétences personnelles

Langue(s) maternelle(s) — **Précisez ici votre langue maternelle** (au besoin ajoutez votre/vos autre(s) langue(s) maternelle(s), voir instructions)

Autre(s) langue(s)

Auto évaluation	Comprendre		Parler		Écrire
Niveau européen (*)	Écouter	Lire	Prendre part à une conversation	S'exprimer oralement en continu	
Anglais	C1 Utilisateur expérimenté	C1 Utilisateur expérimenté	B2 Utilisateur indépendant	B1 Utilisateur indépendant	B2 Utilisateur indépendant
Grec	B2 Utilisateur indépendant	B2 Utilisateur indépendant	B1 Utilisateur indépendant	A2 Utilisateur élémentaire	A2 Utilisateur élémentaire

(*) Niveau du Cadre européen commun de référence (CECR)

Aptitudes et compétences sociales	- Aptitudes à la mise en œuvre de projets culturels, d'expositions; - Aptitudes à l'enseignement des arts plastiques aux enfants (Institut Français de Thessalonique); - Connaissance des notions de base en matière de protection et de mise en valeur du Patrimoine, aussi bien en France qu'à l'étranger (musée d'archéologie méditerranéenne de Marseille, musée d'archéologie de Thessalonique, fouilles archéologiques); - Adaptation aux particularités d'un environnement multiculturel (Cedefop).
Aptitudes et compétences organisationnelles	- Aptitudes à la coordination, à la gestion et au suivi de projets multiculturels; - Rigueur et esprit méthodique acquis sur le terrain des fouilles archéologiques; - Aptitudes au travail en équipe acquises au cours de mes expériences professionnelles (Institut culturel, Cedefop, musées, fouilles archéologiques, etc.).

Page 2 - Curriculum vitae de Lapierre Philippe

Pour plus d'information: http://europass.cedefop.europa.eu
© Communautés européennes, 2003

Aptitudes et compétences informatiques	- Compétences de base en informatique (Word, Excel); - Création et gestion de sites Internet; - Connaissance de logiciels d'aide à la traduction (Trados) et de gestion de bibliothèque (Paprika).
Aptitudes et compétences artistiques	- Pratique de la guitare (jazz et musiques ethniques); - Peinture et photographie.
Permis de conduire	B (voiture)
Annexes	Photocopie des diplômes de maîtrise et D.E.A.

Page 3 - Curriculum vitae de Lapierre Philippe

Pour plus d'information: http://europass.cedefop.europa.eu

europass

Curriculum Vitae Europass	
Informazioni personali	
Cognome(i) / Nome(i)	**Conte Anna Paola**
Indirizzo(i)	Via Ariosto 88 - 40126 Bologna
Telefono(i)	+39 051 3627567 Mobile: +39 348 2013452
E-mail	c.annapaola@libero.it
Cittadinanza	Italiana
Data di nascita	28/02/1976
Sesso	Femminile
Occupazione desiderata / Settore professionale	**Gestione risorse umane**
Esperienza professionale	
Date	01/2002 →
Lavoro o posizione ricoperti	Assistente amministrativo
Principali attività e responsabilità	Gestione della documentazione contabile generale, fiscale e tributaria, relazione con la clientela e il pubblico
Nome e indirizzo del datore di lavoro	Alma Mater Studiorum, Via Zamboni 37 - 40126 Bologna. Tel. +39 051 3114121
Tipo di attività o settore	Settore amministrativo
Date	09/2001 - 12/2001
Lavoro o posizione ricoperti	Tirocinio
Principali attività e responsabilità	Analisi Curriculum Vitae, gestione dei colloqui, rapporto con la clientela (fornitori, pubblico, personale interno)
Nome e indirizzo del datore di lavoro	Cooperativa Tirrenica, Via Enrico Fermi 45 - 45133 Bologna
Tipo di attività o settore	Settore amministrativo
Date	06/2001 - 07/2001
Lavoro o posizione ricoperti	Tirocinio
Principali attività e responsabilità	Assistenza presso gli uffici amministrativi della società, alla contabilità di cassa e gestione dei contatti con la rete di vendita, gestione delle scadenze fiscali periodiche e delle buste paga
Nome e indirizzo del datore di lavoro	Benetton, 15 Brompton Road W1J 8RE London, United Kingdom
Tipo di attività o settore	Settore amministrativo
Date	04/1997 - 05/2000
Lavoro o posizione ricoperti	Cassiera
Principali attività e responsabilità	Gestione della cassa, delle telefonate e delle ordinazioni
Nome e indirizzo del datore di lavoro	Pizza Pazza, Via dello Scoglio 146 - 40100 Bologna
Tipo di attività o settore	Settore alimentare
Istruzione e formazione	
Date	11/2003 – 12/2004
Titolo della qualifica rilasciata	Mediatore interculturale
Principali tematiche/competenze professionali possedute	Front office di orientamento, progettazione e mediazione linguistica
Nome e tipo d'organizzazione erogatrice dell'istruzione e formazione	Comunità incontro onlus (con il patrocinio della Regione Emilia Romagna)
Livello nella classificazione nazionale o internazionale	Isced 4
Date	09/1993 - 03/2001
Titolo della qualifica rilasciata	Laurea in Lettere Moderne
Principali tematiche/competenze professionali possedute	Letteratura latina, letteratura italiana, storia contemporanea

Pagina 1 / 3 - Curriculum vitae di Conte Anna Paola | Per maggiori informazioni su Europass: http://europass.cedefop.europa.eu

Nome e tipo d'organizzazione erogatrice dell'istruzione e formazione	Alma Mater Studiorum, Università di Bologna, facoltà di Lettere Moderne
Livello nella classificazione nazionale o internazionale	Laurea specialistica
Date	09/1988 - 07/1993
Titolo della qualifica rilasciata	Diploma magistrale
Principali tematiche/competenza professionali possedute	Espressione italiana, matematica, scienze, lingua straniera (inglese, francese, tedesco)
Nome e tipo d'organizzazione erogatrice dell'istruzione e formazione	Istituto Magistrale Maria Montessori, Via Mazzini 5 - 40123 Bologna
Livello nella classificazione nazionale o internazionale	Diploma di scuola secondaria superiore
Date	09/2000 - 02/2001
Titolo della qualifica rilasciata	Attestato di frequenza
Principali tematiche/competenza professionali possedute	Office 97, Excel, Access, Internet Explorer
Nome e tipo d'organizzazione erogatrice dell'istruzione e formazione	Centro di Formazione Professionale Guglielmo Marconi - Via Marescalchi 10 - 40123 Bologna

Capacità e competenze personali

Madrelingua	**Italiano**
Altra(e) lingua(e)	

Autovalutazione	Comprensione				Parlato				Scritto	
Livello europeo (*)	Ascolto		Lettura		Interazione orale		Produzione orale			
Inglese	B1	Utente autonomo	C1	Utente avanzato	B1	Utente autonomo	B1	Utente autonomo	A1	Utente base
Francese	B1	Utente autonomo	B2	Utente autonomo	B1	Utente autonomo	B1	Utente autonomo	A1	Utente base
Tedesco	A1	Utente base	A1	Utente base	A1	Utente base	A1	Utente base	A1	Utente base

(*) Quadro comune europeo di riferimento per le lingue

Capacità e competenze sociali	Capacità di lavorare in gruppo maturata in molteplici situazioni in cui era indispensabile la collaborazione tra figure diverse e con modalità orarie varie (turni, fine settimana)
Capacità e competenze organizzative	Capacità di lavorare in situazioni di stress, legate soprattutto al rapporto con il pubblico e alle scadenze fiscali delle attività lavorative
Capacità e competenze informatiche	Conoscenza degli applicativi Microsoft e del pacchetto Office, in modo particolare Excel e Access. Buona capacità di navigare in Internet
Capacità e competenze artistiche	Scrittura creativa: corso presso l'Informagiovani del Comune di Bologna
Altre capacità e competenze	Tecniche di rilassamento: corso di yoga presso un centro sportivo polivalente di Bologna
Patente	Automobilistica (patente B)

Pagina 2 / 3 - Curriculum vitae di Conte Anna Paola | Per maggiori informazioni su Europass: http://europass.cedefop.europa.eu

GRIGLIA PER L'AUTOVALUTAZIONE

		A1	A2	B1	B2	C1	C2
COMPRENSIONE	Ascolto	Riesco a riconoscere parole che mi sono familiari ed espressioni molto semplici riferite a me stesso, alla mia famiglia e al mio ambiente, purché le persone parlino lentamente e chiaramente.	Riesco a capire espressioni e parole di uso molto frequente relative a ciò che mi riguarda direttamente (per esempio informazioni di base sulla mia persona e sulla mia famiglia, gli acquisti, l'ambiente circostante e il lavoro). Riesco ad afferrare l'essenziale di messaggi e annunci brevi, semplici e chiari.	Riesco a capire gli elementi principali in un discorso chiaro in lingua standard su argomenti familiari, che affronto frequentemente al lavoro, a scuola, nel tempo libero ecc. Riesco a capire l'essenziale di molte trasmissioni radiofoniche e televisive su argomenti di attualità o temi di mio interesse personale o professionale, purché il discorso sia relativamente lento e chiaro.	Riesco a capire discorsi di una certa lunghezza e conferenze e a seguire argomentazioni anche complesse purché il tema mi sia relativamente familiare. Riesco a capire la maggior parte dei notiziari e delle trasmissioni TV che riguardano fatti d'attualità e la maggior parte dei film in lingua standard.	Riesco a capire un discorso lungo anche se non è chiaramente strutturato e le relazioni non vengono segnalate, ma rimangono implicite. Riesco a capire senza troppo sforzo le trasmissioni televisive e i film.	Non ho nessuna difficoltà a capire qualsiasi lingua parlata, sia dal vivo sia trasmessa, anche se il discorso è tenuto in modo veloce da un madrelingua, purché abbia il tempo di abituarmi all' accento.
	Lettura	Riesco a capire i nomi e le persone che mi sono familiari e frasi molto semplici, per esempio quelle di annunci, cartelloni, cataloghi.	Riesco a leggere testi molto brevi e semplici e a trovare informazioni specifiche e prevedibili in materiale di uso quotidiano, quali pubblicità, programmi, menù e orari. Riesco a capire lettere personali semplici e brevi.	Riesco a capire testi scritti di uso corrente legati alla sfera quotidiana o al lavoro. Riesco a capire la descrizione di avvenimenti, di sentimenti e di desideri contenuta in lettere personali.	Riesco a leggere articoli e relazioni su questioni d'attualità in cui l'autore prende posizione ed esprime un punto di vista determinato. Riesco a comprendere un testo narrativo contemporaneo.	Riesco a capire testi letterari e informativi lunghi e complessi e so apprezzare le differenze di stile. Riesco a capire articoli specialistici e istruzioni tecniche piuttosto lunghe, anche quando non appartengono al mio settore.	Riesco a capire con facilità praticamente tutte le forme di lingua scritta inclusi i testi teorici, strutturalmente o linguisticamante complessi, quali manuali, articoli specialistici e opere letterarie.
PARLATO	Interazione	Riesco a interagire in modo semplice se l'interlocutore è disposto a ripetere o a riformulare più lentamente certe cose e mi aiuta a formulare ciò che cerco di dire. Riesco a porre e a rispondere a domande semplici su argomenti molto familiari o che riguardano bisogni immediati.	Riesco a comunicare affrontando compiti semplici e di routine che richiedano solo uno scambio semplice e diretto di informazioni su argomenti e attività consuete. Riesco a partecipare a brevi conversazioni, anche se di solito non capisco abbastanza per riuscire a sostenere la conversazione.	Riesco ad affrontare molte delle situazioni che si possono presentare viaggiando in una zona dove si parla la lingua. Riesco a partecipare, senza essermi preparato, a conversazioni su argomenti familiari, di interesse personale o riguardanti la vita quotidiana (per esempio la famiglia, gli hobby, il lavoro, i viaggi e i fatti di attualità).	Riesco a comunicare con un grado di spontaneità e scioltezza sufficiente per interagire in modo normale con parlanti nativi. Riesco a partecipare attivamente a una discussione in contesti familiari, esponendo e sostenendo le mie opinioni.	Riesco ad esprimermi in modo sciolto e spontaneo senza dover cercare troppo le parole. Riesco ad usare la lingua in modo flessibile ed efficace nelle relazioni sociali e professionali. Riesco a formulare idee e opinioni in modo preciso e a collegare abilmente i miei interventi con quelli di altri interlocutori.	Riesco a partecipare senza sforzi a qualsiasi conversazione e discussione ed ho familiarità con le espressioni idiomatiche e colloquiali. Riesco ad esprimermi con scioltezza e a rendere con precisione sottili sfumature di significato. In caso di difficoltà, riesco a ritornare sul discorso e a riformularlo in modo così scorrevole che difficilmente qualcuno se ne accorge.
	Produzione orale	Riesco a scrivere una breve e semplice cartolina , ad esempio per mandare i saluti delle vacanze. Riesco a compilare moduli con dati personali scrivendo per esempio il mio nome, la nazionalità e l'indirizzo sulla scheda di registrazione di un albergo.	Riesco a prendere semplici appunti e a scrivere brevi messaggi su argomenti riguardanti bisogni immediati. Riesco a scrivere una lettera personale molto semplice, per esempio per ringraziare qualcuno.	Riesco a scrivere testi semplici e coerenti su argomenti a me noti o di mio interesse. Riesco a scrivere lettere personali esponendo esperienze e impressioni.	Riesco a scrivere testi chiari e articolati su un'ampia gamma di argomenti che mi interessano. Riesco a scrivere saggi e relazioni, fornendo informazioni e ragioni a favore o contro una determinata opinione. Riesco a scrivere lettere mettendo in evidenza il significato che attribuisco personalmente agli avvenimenti e alle esperienze.	Riesco a presentare descrizioni chiare e articolate su argomenti complessi, integrandovi temi secondari, sviluppando punti specifici e concludendo il tutto in modo appropriato.	Riesco a presentare descrizioni o argomentazioni chiare e scorrevoli, in uno stile adeguato al contesto e con una struttura logica efficace, che possa aiutare il destinatario a identificare i punti salienti da rammentare.
SCRITTO	SCRITTO	Riesco a scrivere una breve e semplice cartolina , ad esempio per mandare i saluti delle vacanze. Riesco a compilare moduli con dati personali scrivendo per esempio il mio nome, la nazionalità e l'indirizzo sulla scheda di registrazione di un albergo.	Riesco a prendere semplici appunti e a scrivere brevi messaggi su argomenti riguardanti bisogni immediati. Riesco a scrivere una lettera personale molto semplice, per esempio per ringraziare qualcuno.	Riesco a scrivere testi semplici e coerenti su argomenti a me noti o di mio interesse. Riesco a scrivere lettere personali esponendo esperienze e impressioni.	Riesco a scrivere testi chiari e articolati su un'ampia gamma di argomenti che mi interessano. Riesco a scrivere saggi e relazioni, fornendo informazioni e ragioni a favore o contro una determinata opinione. Riesco a scrivere lettere mettendo in evidenza il significato che attribuisco personalmente agli avvenimenti e alle esperienze.	Riesco a scrivere testi chiari e ben strutturati sviluppando analiticamente il mio punto di vista. Riesco a scrivere lettere, saggi e relazioni esponendo argomenti complessi, evidenziando i punti che ritengo salienti. Riesco a scegliere lo stile adatto ai lettori ai quali intendo rivolgermi.	Riesco a scrivere testi chiari, scorrevoli e stilisticamente appropriati. Riesco a scrivere lettere, relazioni e articoli complessi, supportando il contenuto con una struttura logica efficace che aiuti il destinatario a identificare i punti salienti da rammentare. Riesco a scrivere riassunti e recensioni di opere letterarie e di testi specialisti.

europass

Europass curriculum vitae

Información personal

Apellido(s) / Nombre(s)	**Segura López, Francisca**
Dirección(es)	Pº de la Constitución, 400, 3ª, E-50008 Zaragoza
Teléfono(s)	(34-1) 976 23 23 23
Fax(es)	(34-1) 976 23 23 24
Correo(s) electrónico(s)	segura@pop.es
Nacionalidad(es)	Española
Fecha de nacimiento	12 de agosto de 1971
Sexo	Mujer

Empleo deseado / campo profesional

CONTABLE

Experiencia laboral

Fechas	De septiembre 1999 a enero de 2002
Puesto o cargo ocupados	Contable
Tareas y responsabilidades principales	Gestión de cuentas, balances, análisis
Nombre y dirección del empleador	Empresa Asesores Fiscales y Auditores reunidos. Calle de los Pirineos 53, Huesca
Tipo de empresa o sector	Empresa de servicios financieros y asesoría fiscal, laboral y contable
Fechas	De octubre 1998 a junio 1999
Puesto o cargo ocupados	Prácticas en alternancia
Tareas y responsabilidades principales	Ayudar en labores de auditoría en una empresa que trabaja para el Ministerio de Hacienda.
Nombre y dirección del empleador	Academia de Contabilidad "El Balance", C/ del Coscorrón, 34, Zaragoza
Tipo de empresa o sector	Auditoría
Fechas	De enero 1997 a septiembre 1998
Puesto o cargo ocupados	Profesora de Contabilidad Informatizada para administrativos
Tareas y responsabilidades principales	Profesora de alumnos adultos, con conocimientos administrativos, ya sea de Formación Profesional o de formación ocupacional, para impartir cursos de Plan General Contable y contabilidad ayudados de aplicaciones informáticas.
Nombre y dirección del empleador	Bascol, Dpto. de Auditoría, C/ de Jaca,16, Huesca
Tipo de empresa o sector	Formación

Educación / formación recibida

Fechas	De octubre a diciembre 1999 (300 horas)
Principales materias o capacidades profesionales aprendidas	Curso de Contabilidad Informatizada "Express"
Nombre y tipo de centro que ha impartido la enseñanza	Centro de Formación de Adultos para Aplicaciones Informáticas. Huesca (Centro de Formación Ocupacional Homologado por el INEM)

Página 1 - Curriculum vitae de Segura López, Francisca

Para más información: http://europass.cedefop.europa.eu

Fechas	De 1996 a 1997
Título obtenido	Master en Dirección de Empresas
Principales materias o capacidades profesionales aprendidas	Relacionadas con la gestión empresarial y económica, legislación laboral y técnicas de dirección de recursos humanos
Nombre y tipo de centro que ha impartido la enseñanza	Escuela Europea de Contabilidad. Zaragoza (Centro privado de Postgrado)
Nivel alcanzado en una clasificación nacional o internacional	ISCED 5

Fechas	De octubre 1991 a septiembre 1996
Título obtenido	Licenciada en Ciencias Económicas y Empresariales (Especialidad Contabilidad)
Principales materias o capacidades profesionales aprendidas	- gestión empresarial - económica - legislación laboral
Nombre y tipo de centro que ha impartido la enseñanza	Facultad de CC Económicas y Empresariales de la Universidad de Zaragoza
Nivel alcanzado en una clasificación nacional o internacional	Licenciado (nivel superior universitario – cinco años)

Capacidades y competencias personales

Lengua(s) materna(s): **Español**

Otro(s) idioma(s)

Autoevaluación	**Comprender**		**Hablar**		**Escribir**
Nivel europeo (*)	Comprensión auditiva	Comprensión de lectura	Interacción oral	Expresión oral	
Inglés	C1 Usuario competente	C2 Usuario competente	C2 Usuario competente	C1 Usuario competente	B2 Usuario independiente
Francés	B2 Usuario independiente	B2 Usuario independiente	C1 Usuario competente	B2 Usuario independiente	B2 Usuario independiente

(*) Nivel del Marco Europeo Común de Referencia (MECR)

Capacidades y competencias sociales	Las capacidades de comunicación se han adquirido ejerciendo la labor docente descrita. Las capacidades de organización, trabajo en equipo, concentración, en las prácticas en empresa y en la experiencia laboral más arriba reseñada.
Capacidades y competencias organizativas	- Buenas dotes de comunicación y organización - Disponibilidad para viajar
Capacidades y competencias informáticas	Buen manejo de ordenadores, tanto en aplicaciones contables, como base de datos y tratamiento de textos. Internet, correo electrónico.
Permiso(s) de conducir	B1
Información adicional	Para referencias: - D. Ildefonso Sánchez Baturro. Director de la Academia de Contabilidad El Balance. C/ del Coscorrón 34. Zaragoza - D. Octavio Cabeza Cana, Director de Personal de la empresa Auditores Fiscales y Asesores Reunidos. Calle de los Pirineos 53, Huesca

Página 2 - Curriculum vitae de Segura López, Francisca

Para más información: http://europass.cedefop.europa.eu

© Comunidades Europeas, 2003

europass

Europass Curriculum Vitae

Persoonsgegevens	
Achternaam (-namen) / Voornaam (-namen)	**Boonen Jenny**
Adres(-sen)	Veldweg 30 B-9700 Oudenaarde
Telefoon(-s)	+32 2 506 04 57 Mobiel
E-mail(-s)	jjboonen@whaoo.be
Nationaliteit	Belg
Geboortedatum	05/03/1969
Geslacht	Vrouwelijk
Gewenste functie / Gewenst werkterrein	**Assistent secretariaat**
Werkervaring	
Data	02/07/1996 → heden
Beroep of functie	Secretariaatsmedewerkster
Voornaamste werkzaamheden en verantwoordelijkheden	Personeelsadministratie: loonverwerking, verwerking gepresteerde uren, budgetbeheer
Naam en adres van werkgever	NV Resources Waversebaan 4 B-9700 Oudenaarde
Soort onderneming of sector	Human Resources
Data	01/02/1990 - 01/07/1996
Beroep of functie	Secretariaatsmedewerkster
Voornaamste werkzaamheden en verantwoordelijkheden	Ingaande en uitgaande post organiseren Databank klanten beheren Telefoon beantwoorden
Naam en adres van werkgever	NV Euro Transport Hemelstraat 17 B-9700 Oudenaarde
Soort onderneming of sector	Transport
Onderwijs en opleiding	
Data	1/9/1986 - 30/6/1989
Naam van behaald diploma of certificaat	Bachelor Toerisme en Recreatiemanagement
Voornaamste vakken/beroepsvaardigheden	HRM Toerisme Engels Frans

Pagina 1 / 3 - Curriculum vitae van Boonen Jenny

Kijk voor meer informatie over Europass op http://europass.cedefop.europa.eu

Naam en type onderwijsinstelling	Hogeschool Mechelen
Data	01/09/1980 - 30/06/1986
Naam van behaald diploma of certificaat	TSO Secretariaat
Naam en type onderwijsinstelling	Sint-Bernardusschool Oudenaarde

Persoonlijke vaardigheden en competenties

Moedertaal **Nederlands**

Andere taal (talen)

Zelfinschatting	Begrijpen				Spreken				Schrijven	
Europees niveau (*)	Luisteren		Lezen		Gesproken interactie		Gesproken productie			
Frans	C1	Vaardig gebruiker	C1	Vaardig gebruiker	C1	Vaardig gebruiker	C1	Vaardig gebruiker	B2	Zelfstandig gebruiker
Engels	C1	Vaardig gebruiker	C1	Vaardig gebruiker	B2	Zelfstandig gebruiker	B2	Zelfstandig gebruiker	B1	Zelfstandig gebruiker
Duits	A2	Basisgebruiker	A2	Basisgebruiker	A1	Basisgebruiker	A1	Basisgebruiker	A1	Basisgebruiker

(*) Europees Referentiekader Taalvaardigheidsonderwijs

Sociale vaardigheden en competenties	Ik ben sociaal en stipt, hou me aan de afspraken en werk nauwkeurig.
Computervaardigheden en -competenties	MS Office: gevorderd gebruik
Rijbewijs	B

EUROPESE NIVEAUS – MATRIX VOOR ZELFINSCHATTING

		A1	A2	B1	B2	C1	C2
BEGRIJPEN	Luisteren	Ik kan vertrouwde woorden en basiszinnen begrijpen die mezelf, mijn familie en directe concrete omgeving betreffen, wanneer de mensen langzaam en duidelijk spreken.	Ik kan zinnen en de meest frequente woorden begrijpen die betrekking hebben op gebieden die van direct persoonlijk belang zijn (bijvoorbeeld basisinformatie over mezelf en mijn familie, winkelen, plaatselijke omgeving, werk). Ik kan de belangrijkste punten in korte, duidelijke eenvoudige boodschappen en aankondigingen volgen.	Ik kan de hoofdpunten begrijpen wanneer in duidelijk uitgesproken standaarddialect wordt gesproken over vertrouwde zaken die ik regelmatig tegenkom op mijn werk, school, vrije tijd enz. Ik kan de hoofdpunten van veel radio- of tv-programma's over actuele zaken of over onderwerpen van persoonlijk of beroepsmatig belang begrijpen, wanneer er betrekkelijk langzaam en duidelijk gesproken wordt.	Ik kan een langer betoog en lezingen begrijpen en zelfs complexe redeneringen volgen, wanneer het onderwerp redelijk vertrouwd is. Ik kan de meeste nieuws- en actualiteitenprogramma's op de tv begrijpen. Ik kan het grootste deel van films in standaarddialect begrijpen.	Ik kan een langer betoog begrijpen, zelfs wanneer dit niet duidelijk gestructureerd is en wanneer relaties slechts impliciet zijn en niet expliciet worden aangegeven. Ik kan zonder al te veel inspanning tv-programma's en films begrijpen.	Ik kan moeiteloos gesproken taal begrijpen, in welke vorm dan ook, hetzij in direct contact, hetzij via radio of tv, zelfs wanneer in een snel moedertaaltempo gesproken wordt als ik tenminste enige tijd heb om vertrouwd te raken met het accent.
	Lezen	Ik kan vertrouwde namen, woorden en zeer eenvoudige zinnen begrijpen, bijvoorbeeld in mededelingen, op posters en in catalogi.	Ik kan zeer korte eenvoudige teksten lezen. Ik kan specifieke voorspelbare informatie vinden in eenvoudige, alledaagse teksten zoals advertenties, folders, menu's en dienstregelingen en ik kan korte, eenvoudige, persoonlijke brieven begrijpen.	Ik kan teksten begrijpen die hoofdzakelijk bestaan uit hoogfrequente, alledaagse of aan mijn werk gerelateerde taal. Ik kan de beschrijving van gebeurtenissen, gevoelens en wensen in persoonlijke brieven begrijpen.	Ik kan artikelen en verslagen lezen die betrekking hebben op eigentijdse problemen, waarbij de schrijvers een bepaalde houding of standpunt innemen. Ik kan eigentijds literair proza begrijpen.	Ik kan lange en complexe feitelijke en literaire teksten begrijpen, en het gebruik van verschillende stijlen waarderen. Ik kan gespecialiseerde artikelen en lange technische instructies begrijpen, zelfs wanneer deze geen betrekking hebben op mijn terrein.	Ik kan moeiteloos vrijwel alle vormen van de geschreven taal lezen, inclusief abstracte, structureel of linguïstisch complexe teksten, zoals handleidingen, specialistische artikelen en literaire werken.
SPREKEN	Interaktie	Ik kan deelnemen aan een eenvoudig gesprek, wanneer de gesprekspartner bereid is om zaken in een langzamer spreektempo te herhalen of opnieuw te formuleren en mij helpt bij het formuleren van wat ik probeer te zeggen. Ik kan eenvoudige vragen stellen en beantwoorden die een directe behoefte of zeer vertrouwde onderwerpen betreffen.	Ik kan communiceren over eenvoudige en alledaagse taken die een eenvoudige en directe uitwisseling van informatie over vertrouwde onderwerpen en activiteiten betreffen. Ik kan zeer korte sociale gesprekken aan, alhoewel ik gewoonlijk niet voldoende begrip om het gesprek zelfstandig gaande te houden.	Ik kan de meeste situaties aan die zich kunnen voordoen tijdens een reis in een gebied waar de betreffende taal wordt gesproken. Ik kan onvoorbereid deelnemen aan een gesprek over onderwerpen die vertrouwd zijn, of mijn persoonlijke belangstelling hebben of die betrekking hebben op het dagelijks leven (bijvoorbeeld familie, hobby's, werk, reizen en actuele gebeurtenissen).	Ik kan zodanig deelnemen aan een vloeiend en spontaan gesprek, dat normale uitwisseling met moedertaalsprekers redelijk mogelijk is. Ik kan binnen een vertrouwde context actief deelnemen aan een discussie en hierin mijn standpunten uitleggen en ondersteunen.	Ik kan mezelf vloeiend en spontaan uitdrukken zonder merkbaar naar uitdrukkingen te hoeven zoeken. Ik kan de taal flexibel en effectief gebruiken voor sociale en professionele doeleinden. Ik kan ideeën en meningen met precisie formuleren en mijn bijdrage vaardig aan die van andere sprekers relateren.	Ik kan zonder moeite deelnemen aan welk gesprek of discussie dan ook en ben zeer vertrouwd met idiomatische uitdrukkingen en spreektaal. Ik kan mezelf vloeiend uitdrukken en de fijnere betekenisnuances precies weergeven. Als ik een probleem tegenkom, kan ik mezelf hernemen en mijn betoog zo herstructureren dat andere mensen het nauwelijks merken.
	Produktie	Ik kan eenvoudige uitdrukkingen en zinnen gebruiken om mijn woonomgeving en de mensen die ik ken, te beschrijven.	Ik kan een reeks uitdrukkingen en zinnen gebruiken om in eenvoudige bewoordingen mijn familie en andere mensen, leefomstandigheden, mijn opleiding en mijn huidige of meest recente baan te beschrijven.	Ik kan uitingen op een simpele manier aan elkaar verbinden, zodat ik ervaringen en gebeurtenissen, mijn dromen, verwachtingen en ambities kan beschrijven. Ik kan in het kort redenen en verklaringen geven voor mijn meningen en plannen. Ik kan een verhaal vertellen, of de plot van een boek of film weergeven en mijn reacties beschrijven.	Ik kan duidelijke, gedetailleerde beschrijvingen presenteren over een breed scala van onderwerpen die betrekking hebben op mijn interessegebied. Ik kan een standpunt over een actueel onderwerp verklaren en de voordelen en nadelen van diverse opties uiteenzetten.	Ik kan duidelijke, gedetailleerde beschrijvingen geven over complexe onderwerpen en daarbij subthema's integreren, specifieke standpunten ontwikkelen en het geheel afronden met een passende conclusie.	Ik kan een duidelijke, goedlopende beschrijving of redenering presenteren in een stijl die past bij de context en in een doeltreffende logische structuur, zodat de toehoorder in staat is de belangrijke punten op te merken en te onthouden
SCHRIJVEN	Schrijven	Ik kan een korte, eenvoudige ansichtkaart schrijven, bijvoorbeeld voor het zenden van vakantiegroeten. Ik kan op formulieren persoonlijke details invullen, bijvoorbeeld mijn naam, nationaliteit en adres noteren op een hotelinschrijvingsformulier.	Ik kan korte, eenvoudige notities en boodschappen opschrijven. Ik kan een zeer eenvoudige persoonlijke brief schrijven, bijvoorbeeld om iemand voor iets te bedanken.	Ik kan eenvoudige samenhangende tekst schrijven over onderwerpen die vertrouwd of van persoonlijk belang zijn. Ik kan persoonlijke brieven schrijven waarin ik mijn ervaringen en indrukken beschrijf.	Ik kan een duidelijke, gedetailleerde tekst schrijven over een breed scala van onderwerpen die betrekking hebben op mijn interesses. Ik kan een opstel of verslag schrijven, informatie doorgeven of redenen aanvoeren ter ondersteuning vóór of tégen een specifiek standpunt. Ik kan brieven schrijven waarin ik het persoonlijk belang van gebeurtenissen en ervaringen aangeef.	Ik kan me in duidelijke, goed gestructureerde tekst uitdrukken en daarbij redelijk uitgebreid standpunten uiteenzetten. Ik kan in een brief, een opstel of een verslag schrijven over complexe onderwerpen en daarbij de voor mij belangrijke punten benadrukken. Ik kan schrijven in een stijl die is aangepast aan de lezer die ik in gedachten heb.	Ik kan een duidelijke en vloeiend lopende tekst in een gepaste stijl schrijven. Ik kan complexe brieven, verslagen of artikelen schrijven waarin ik een zaak weergeef in een doeltreffende, logische structuur, zodat de lezer de belangrijke punten kan opmerken en onthouden. Ik kan samenvattingen van en kritieken op professionele of literaire werken schrijven.